Herderbücherei

Band 1033

Über das Buch

Ein schmerzlicher Zwiespalt zerreißt heute Gefühl und Bewußtsein der Menschen: Sinneserfahrung und Geisteserfahrung gelangen nicht mehr zur Deckung. Mit seinen Augen nimmt er nur noch die Außenhaut der Dinge wahr, sie werden ihm nicht mehr zugleich zu Transparenten der geistigen Welt. Das Denken des Menschen ist so abstrakt geworden, daß es den Augenschein der Dinge nicht mehr bis zum Grunde durchdringen kann. Darum vermag er nicht mehr die uralte, heil-erschließende Sprache, in der alle heiligen Bücher der Menschheit verfaßt sind – und dies vor allem die Heilige Schrift –, die Sprache der Symbole nicht mehr verstehen. Aber die „große Einheit" als „geeinte Zwienatur" von Sinnhaftigkeit und Geistigkeit wird gerade im Symbol erfahrbar. Wer darum die Symbole in ihrer lebendigen Gegenwart zu verstehen vermag, der wird auch mit sich selber einig ... Die Lehre von den Symbolen ist darum keine *Fachwissenschaft,* sondern eine *Lebenslehre.* Sie verhilft dazu, das Göttliche, die Welt und den Menschen als ein einheitliches Ganzes zu schauen und zu verstehen. In enger Zusammenarbeit mit C. G. Jung, Hugo Rahner und ähnlich Gesinnten, u. a. den Forschern des Eranos-Kreises, hat Alfons Rosenberg lebenslang um die Tiefenkenntnis der Symbole und um die Rückgewinnung der durch sie möglichen ganzheitlichen Erfahrung gerungen. Er zählt zu den kenntnisreichsten Vertretern der Lehre der Symbole in unserer Zeit. Die 25 Symbolbilder, die Michael Eberle eigens für diese seine Einführung zu diesem Band der Herderbücherei geschaffen hat, stellen einen neuen Typus der Verbildlichung der Symbole dar.

Über den Autor

Alfons Rosenberg, 1902 in München geboren, lebt seit 1935 als Forscher und Schriftsteller in der Schweiz. Kurse im gesamten deutschen Sprachgebiet und zahlreiche Rundfunksendungen zur Symbollehre haben ihn weithin bekannt gemacht.

Alfons Rosenberg

Einführung in das Symbolverständnis

Ursymbole und ihre Wandlungen

Mit 25 Bildern von
Michael Eberle

Herderbücherei

Originalausgabe
erstmals veröffentlicht als Herder-Taschenbuch

Buchumschlag: Werner Bleyer

Herder Freiburg · Basel · Wien
Herstellung: Freiburger Graphische Betriebe 1984
ISBN 3-451-08033-8

Inhalt

Vorwort

Die Symbole bilden nicht nur einzelne Buchstaben einer Ausdrucksweise, sondern vielmehr eine organische Sprache mit einer die „Worte“ zu einer sinnvollen Einheit fügenden Grammatik. Einst wurde diese Weltsprache allgemein verstanden, heute jedoch muß sie aus den noch vorhandenen Resten neu gefügt und gelehrt werden. Denn wenn auch diese anschauliche Symbolsprache durch die abstrakte der heutigen Wissenschaft überlagert wurde, bleibt sie dennoch die eigentliche Ursprache der Menschheit. Alle „heiligen Bücher“ sind in ihr verfaßt. Wenn wir darum wieder zum Verständnis des großen Menschheitserbes gelangen wollen – und die Zeit dafür scheint wieder gekommen zu sein – dann ist dies nur möglich, wenn wir uns ohne Vorurteile dem Studium dieser kostbaren Überlieferung zuwenden. Einen Versuch hierzu stellt der Inhalt dieses Buches dar durch die Darlegung dessen, was überhaupt ein Symbol ist, und der Gesetze seines Werdens und Wirkens. Von Wichtigkeit hierbei aber ist der Rückgang auf die Ursymbole, die von keinem andern ableitbar sind und die darum die Grundlage alles menschlichen Imaginierens darstellen und zugleich die Voraussetzung für die Entfaltung der vielfältigen abgeleiteten Symbole.

Die Tabelle mit Kreuzzeichen von S. 44 ist mit freundlicher Erlaubnis des Kösel Verlages dem Buche des Autors „Kreuzmeditation“ entnommen sowie einige Hinweise in bezug auf die Symbolik des Hakenkreuzes.

Wir hoffen mit diesen Darlegungen einen wesentlichen Beitrag zur Wiederbelebung und Kenntnis der altneuen völkerverbindenden Symbolsprache zu leisten.

Alfons Rosenberg

Einführung in die Symbolik

DIE SPRACHE DES SYMBOLS

Alle Kulturen und Religionen vermitteln eine Ahnung von einem ursprünglichen Lebens- und Geisteszustand der Menschheit, in welchem es möglich war, daß sich die Menschen ohne Mißverständnisse und Hemmungen zu verständigen vermochten. Anscheinend verfügte die Menschheit „damals" über eine allgemein verbreitete Einheitssprache. Auch im Alten Testament ist über diesen geistigen Menschheitszustand ein Bericht enthalten – er bezieht sich auf den Mythus vom babylonischen Turm, der freilich im alttestamentlichen Bericht umgedeutet wird. Jedoch wissen die Überlieferungen aller Völker, daß durch eine Katastrophe, die in den verschiedenen Traditionen auch verschieden gedeutet wird, die Einheit dieser Ursprache verloren gegangen sei. Seitdem vermögen die Völker sich nicht mehr über das Nützliche und Übernützliche zu verständigen – die Menschen sprechen nun verschiedene Sprachen, was die Zerspaltung aller innern und äußeren Verhältnisse zur Folge hatte.

Dieser der ursprünglichen Schöpfungsidee nicht entsprechende Mißstand wurde von jeher als schmerzlich empfunden und beklagt. Und immer wieder erneute sich die Hoffnung, daß durch ein göttliches Eingreifen der Urzustand von Sein und Sprache wieder hergestellt wurde. Einer der eindringlichsten Berichte solcher Wiederherstellung ist jener wunderbare im zweiten Kapitel der Apostelgeschichte von der Ausgießung des Heiligen

Geistes am ersten Pfingstfest zu Jerusalem. Damals wurde gleichsam die Sehnsucht nach dem erneuten Einssein im Geiste als Unterpfand eines künftig endgültigen erstmals gestillt.

Wie aber müßte eine „Sprache“ beschaffen sein, welche als Ausdruck dessen, was alle Menschen zu allen Zeiten und was alle Völker und Kulturen bewegt, zu dienen vermöchte? Sie müßte zu fassen imstande sein, was alle Menschen zu erfahren und zu erleben vermögen – ihre Um- und Innenwelt, ihre Schicksale, das Offenbare der Natur und das Verborgene des Menschenherzens, die Ängste und Hoffnungen, das eingeborene Vorwissen des Menschen, den Wandel aller Dinge, Geburt und Tod, Tag und Nacht, die Zyklen der Natur und der Seele – die Anfänge, Höhen und das Ende aller Dinge.

Denn das Göttliche – und von seinem Wirken „im Himmel wie auf Erden“ will die Überlieferung Kunde geben – kann vom Menschen nicht unmittelbar wahrgenommen werden, es sei denn in der Form der nicht mitteilbaren „unaussprechlichen Worte“ des Apostels Paulus. Immer müssen Wort und Geist Fleisch werden, um in dieser Welt gesehen und „begriffen“, betastet zu werden. „Denn niemand hat Gott jemals gesehen, (nur) der eingeborene Sohn, der im Schoße des Vaters ist, hat Kunde von ihm gebracht“ (Johannes 1,18). Diese „Kunde“ wurde mitteilbar dadurch, daß der „Sohn“ Fleisch wurde, das will sagen: einging in die Elementar- und Seelenwelt, die sich in Gestalt und Wesen des Menschen menschenartig kristallisiert. Da aber nach dem Zeugnis der antiken und mittelalterlichen Kosmologie und Anthropologie[1] alle Elemente an der Bildung des Menschenleibes beteiligt sind, dürfen wir annehmen, daß der ewige Sohn nicht nur das eine und kostbare Mal Mensch werden wollte, sondern – indem er ins Menschsein einging – über die am Menschenleib beteiligten Elemente auch Wolke und Wasser, Baum und Blume, Tier und Stein, um das unsägliche Wort, die Botschaft des Schöpfers an seine Geschöpfe, auf allen Ebenen sagbar zu machen[2].

Dadurch wurde Gott schaubar; gewiß nicht in seinem Fürsichsein, aber insoweit, als er sich der Welt mitzuteilen willens ist, ihr Anteil an sich gewährt. Sagt doch der Apostel Paulus, daß der Mensch das Unsichtbare Gottes, die ewige Kraft der Gottheit, durch sein geistiges Schauen, den nous, an der geschaffenen Welt wahrzunehmen vermag (Röm 1,20). Darum kann das göttlich Übersinnliche „seit der Erschaffung der Welt" d.h. seit dem Beginn der Zeit und des Menschseins, als „Uroffenbarung" durch die sinnlich-geistige Anschauung mittelbar geschaut werden. Denn, wie Romano Guardini formuliert: „Die Welt ist von Gott als eine im Licht zu sehende geschaffen, ... Ding und Auge bilden Urbezüge, in denen das Leben steht," und: „Das Sehen ist das Leben des Menschen."[3] Darum erscheint im Sichtbaren der Welt nicht nur ihr Wesen, sondern auch Gottes Kraft und Wirken.

Der innere Sinn der Schöpfung wie des Menschseins, der Sinn des Weges des Menschen von seinem göttlichen Ursprung wie sein Weg zur Vollendung im Pleroma wurde dem Geist durch die Anschauung der Sinnenwelt vermittelt. Darum – und weil jede sichtbare Form und Erscheinung nach dem göttlichen Willen als Verkünder eines ewigen Sinnes Ereignis wird – teilt die Schrift ihre Botschaft, die wenigstens teilweise in Form von Schauungen aufgezeichnet ist, nicht in der Sprache der Begriffe, sondern durch Bilder mit, indem sie die ganze Schöpfung für ihre Absicht zur Hieroglyphe, das heißt zur heiligen Bilderschrift, erhebt. „Frage die Tiere, und sie werden es dich lehren, und die Vögel der Luft werden es dir erzählen." (Hiob 12,7).

Auch die astrale Welt wird gemäß der Heiligen Schrift zum Medium der Gottesbotschaft, sie ist gleichsam Theologie, ein Begriff, der einst nichts anderes bedeutete als Gotteslob. Denn „die Himmel erzählen die Ehre Gottes, und seiner Hände Werk verkündert das Firmament" (Psalm 19,2). So wird in der Heiligen Schrift die ganze Welt zum „Zeichen", zur Aufzeichnung einer auf das Göttliche weisenden Sinngebung. Die Schöpfung ist darum eine Weissagung auf Gott hin und auf Jenen, den er gesandt hat und der die Himmels- und Schöpfungsschrift vollends enthüllen wird. Die Welt wird zum Symbol, wenn die Heilige Schrift es unternimmt, durch ihr „Bild" ein über die Welt Hinausweisendes mitzuteilen. Denn wir können vom „eigentlich Eigentlichen" (Guardini) immer nur uneigentlich sprechen, in der Form des „uneigentlich Eigentlichen."

Goethe hat für diesen Tatbestand eine zentrale Formulierung gefunden: „Das Wahre, mit dem Göttlichen identisch, läßt sich niemals von uns direkt erkennen, wir schauen es nur im Abglanz, im Beispiel, im Symbol, in einzelnen und verwandten Erscheinungen; wir werden es gewahr als unbegreifliches Leben und können dem Wunsch nicht entsagen, es dennoch zu begreifen." [4]

Dies Wort Goethes deutet an, was ein Symbol ist, warum Symbole notwendig sind, und im weiteren, warum sich die Heilige Schrift der symbolischen Denk- und Mitteilungsweise bedient. Der Mensch ist, auch in der Wahrheitssuche, der Symbole bedürftig, weil die Wahrheit, überzeitlich und überräumlich, einerseits in ihrem Kern unanschaulich ist und weil es anderseits zum innersten Bedürfen des Menschen gehört. Gott in seinen zahllosen Ausstrahlungen mit Sinnes- und Geistorganen wahrzunehmen. Daß der Mensch dies legitim vermag, bezeugt die bereits zitierte Römerbriefstelle. Die Begegnung des Menschen mit der Wahrheit geschieht darum im Mittleren zwischen Geist und Gestalt, durch jede Erscheinung, die der Mensch wahrnimmt.

Das Wort Symbol wird hergeleitet vom griechischen Wort symballein, das bedeutet „zusammenwerfen" – nämlich ewigen Sinn und irdische Erscheinung zu einem einzigen, nicht willkürlich entstandenen, sondern ursprüngliche Einheit wiederherstellenden Gebilde. Und dies Symbolwerden irdischer Erscheinung vollzieht sich in jedem Akte geistiger Anschauung so innig, daß jede so betrachtete Erscheinung sich als Sinnträger enthüllt und die Idee, das geistige Urbild, anschaubar wird.

Da nun hier das Wort Idee als Wahrheitselement mit dem Symbol nah verwandt erscheint, muß, um einem Mißverständnis vorzubeugen, darauf hingewiesen werden, daß „Idee" keineswegs, wie heute gebräuchlich, identisch ist mit Begriff oder Abstraktion. Denn „Idee" bedeutet ursprünglich, entgegen dem heutigen Sprachgebrauch, die Anschaulichkeit des Geistes. Die Entwicklungsgeschichte des Wortes Idee weist hinter Plato zurück, auf Bedeutungen, denen zufolge Idee und Eidos, das Bild oder Bildhafte, miteinander verwandt sind. Dies erhellt aus dem Stamm des griechischen Verbums „idein", „id" (oder „vid"), der sehen, betrachten, wahrnehmen, zusehen bedeutet. Idea wäre demnach etwas „Gesehenes", ein Erschautes, ein „Bild", das einer „schaut". Da aber dem Wort eine aktive und eine passive Bedeutung innewohnt, bedeutet dies ebenso „ein Bild, das einstrahlt", wie das „Bild, das sich im Betrachter abbildet". Vergegenwärtigt man sich aber noch die verschiedenartigen Bedeutungen, mit denen das Wort Idea bei griechischen Schriftstellern hervortritt, so ergibt sich der ganze große Umkreis und die Tiefenschicht dieses Wortes, denn diese heißen: Ansehen, Aussehen, äußere Gestalt, Bild, Gestalt, Art und Weise, Art, wie man etwas tut oder wie etwas erscheint, Gattung, Vorstellung, Urbild, Form, Modell, Ideal und erst zuletzt – und dies auch in der Spätentwicklung des griechischen Geistes – allgemeiner, abstrakter Begriff[5].

Schon durch diese kleine Nachforschung über das Wesen der Idee und des Eidos erkennen wir deren Verwandtschaft mit dem Symbol. Denn wie dieses hat die Idee eine wesentliche Beziehung zum Bild und zum Schauen des Bildes, zum „geistigen Schauen", von dem Paulus in seiner Römerbriefstelle spricht. Doch von der Bedeutung dieses Schauens auf Gott hin wissen dann vor allem die Neuplatoniker Tieferes. Denn das Wesen, das anschaut und im Anschauen gestaltet, ist bei den Neuplatonikern „Gott", und der Teil der menschlichen Seele, der des Anschauens fähig ist, ist der unsterbliche – ein Gedanke den später Augustinus, Dante und der Cusaner weiterbilden, letzterer in seinem Traktat „De quaerende Deo", wo er das Wort theos, (Gott), ebenso eigenwillig wie tiefsinnig interpretiert, wenn er es von theoro oder theo, d.h. ich schaue an, oder ich laufe, ableitet. „Der Suchende soll", so lehrt Nikolaus von Cusa, „mittels des Sehens laufen, daß er zum Allessehenden herankomme."[6] Das Schauen ist demnach ein von Gott gestiftetes Vermögen des Menschen, ein geistiges Band, das ihn mit der ihn unablässig „anschauenden" göttlichen Welt verbindet.

Zu den großen Tradenten, die solche Einsichten der antiken, der jüdischen wie der griechischen Weisheit als Mitgift in die christliche Theologie einbrachten, gehört Origenes. „Diese sichtbare Welt", lehrt Origenes, „enthält einen Unterricht über die unsichtbare Welt, und der irdische Bestand faßt in sich gewisse ‚Gleichnisse der himmlischen Dinge', damit wir von den Dingen, die unten sind, aufsteigen können zu denen, die im Himmel sind. Nach dem Bilde der himmlischen Dinge gab der Schöpfer den irdischen Geschöpfen eine gewisse Ähnlichkeit, aus der ihre Mannigfaltigkeit leichter zusammengefaßt und durchschaut werden könnte. Und vielleicht hat Gott, wie er den Menschen ‚nach seinem Bilde und Gleichnis' schuf, so auch den übrigen Geschöpfen die Ähnlichkeit mit himmlischen Urbildern gewährt, und vielleicht hat sogar jedes Irdische so sehr ein Gegenbild und eine Ähnlichkeit im Himmlischen, daß auch noch das Senfkorn, das kleinste unter allen Samenkörnern, sein Bild und seine Ähnlichkeit im Himmel besitzt ... und so kann man auch von allen andern Dingen annehmen, seien es Samen, seien es Wurzeln oder Tiere, daß sie zwar auf der einen Seite den Menschen einen leiblichen Nutzen und Dienst gewähren, anderseits aber Gestalt und Bild des Unsichtbaren enthalten, aus denen die Seele angeleitet und erzogen werden kann, auch die unsichtbaren und himmlischen Dinge zu schauen."[7]

Die Anschauung des Weltganzen und Lebendigen, die sich in diesen Thesen des Origenes ausprägt, ist aber nur teilweise sein geistiges Eigentum. Denn in Wirklichkeit wird das Denken des Origenes aus den gleichen Quellen genährt, welche die babylonische und biblische Weltschau, die das schauende Denken Platons, der östlichen Kirchenväter, des Augustinus, Dantes, Mozarts und Goethes, Carus', C. G. Jungs, der französischen Symbolisten des 19. Jahrhunderts, Leopold Zieglers, Hugo Rahners u. a. befruchtet haben. Wenn sich in der abendländischen Aufklärung und ihrem Rationalismus die Oberschicht des fortschreitend sich enthüllenden Geistes darstellt, so in dem Symboldenken – dessen Ursprung wir mindestens bis zum Anfang der Hochkulturen zurückverfolgen können – die das Obere und Äußere tragende Unterschicht. Aus diesem Unterstrom der abendländischen Kultur (oder genauer: des Gesamtmenschlichen) ging und geht noch immer die Erkenntnis hervor, daß diese ganze Welt und alle ihre Erscheinungen zutiefst Symbole des Geistes sind, der sich in Steinen und Gewächsen, in Tieren und Menschen gestalthaft anschaulich darstellt.

Daraus ergibt sich, nach Hugo Rahner, auch die Umkehrung: das Geistprinzip im Menschen, das diese Transparenz des Irdischen auf das Himmlische zu erschauen weiß, ist selbst ein erstgegebener Inbegriff des Kosmos, ist, als Spiegel des Makrokosmos, ein Mikrokosmos. Denn, so lehrt Origenes: „Alles, was da sichtbar ist, dieser ungeheure Kosmos, der auf den Schöpferbefehl Gottes durch den Logos bereitet wurde, zeigt zugleich in Figuren ... das an, was im Mikrokosmos, das ist im Menschen, ward.“[8] Darum läßt sich sagen: Das, was sich als Erschaffung der Gestirne vollzog und was sich noch immer in diesen wie in jedem Samenkorn ereignet, vollzieht sich von Anfang an und stets auch im Innern des Menschen – in seinem Sosein als Abbild und Gleichnis Gottes.

Aus einer solchen Einsicht, die aus dem Grundstrom der menschlichen Weisheit, aus dem nous des Menschen stammt, ergibt sich, daß die Symbole, als Sichtbarwerdung der Urbilder des Seins oder des Weltsinns, keineswegs willkürlich erfindbar sind. Die Symbole können nur darum durch die schauende Vernunft im Geiste des Menschen aufleuchten, weil die Welt schon an sich und durch ihre göttliche Herkunft ein Symbol des Geistes ist. Das Geistprinzip im Menschen vermag es zudem, durch seine echte und objektive Hingeordnetheit auf Gott und die Welt die Wirklichkeit im Symbol zu fassen, ja zu umfassen. Indem der nous die Schöpfung schaut, tritt für und durch ihn aus aller Erscheinung der Sinn (griechisch Logos, chinesisch Tao) hervor. Wie im Farbenkreis der sinnlich-sittlichen Farbenlehre Goethes enthüllt sich dann jede Erscheinung der Welt als Symbol, d. h. als ein auf den Weltgrund und das Weltganze bezogenes, unteilbares und unerklärbares, aber unmittelbar einleuchtendes wahres und echtes Sinnbild, als Manifestation des Wesentlichen. Ein Symbol ist aber niemals statisch, es ist geladen mit wirkender, zeugender Kraft, die im Schauenden, der sich seiner Strahlung öffnet, das erzeugt, was sich in seiner Gestalt darstellt. „Echtes Symbol bedeutet ein reines Darstellen des Urquells“ und darum ein Zurückführen vom Abgeleiteten zum Ursprünglichen. Die Tiefe des Seins ist nicht durch die Manipulationen des diskursiven Verstandes (so nützlich er auch ist zur Ordnung des Zweckmäßigen), zu gewinnen, sondern durch den ins Innerste geleitenden Ariadnefaden der Symbole.

Das Sinnbild ist zwar dem Symbol benachbart – und doch sind beide nicht dasselbe. Gewiß wird durch das Sinnbild ein geistiger Gehalt im Bilde anschaulich dargestellt: das Unsagbare wird zum Bild, das entgegen dem Begriff, der stets nur eine einzige und begrenzte Aussage zu machen hat, eine mehrfach sich überlagernde Sinn-Erfahrung zugänglich macht. Wenn so das Sinnbild ein geistiges Bild darstellt, als Hinweis auf eine verborgene, nicht unmittelbar zugängliche Schicht des Seins, so steht es doch dem Seienden, von dem es zeugt, gegenüber, es deutet Wirklichkeit, ist aber mit dieser nicht identisch. Und weil es gleichsam eine Mittelstellung einnimmt zwischen der willentlich, rational gewonnenen und geformten Allegorie und dem transzendierenden Symbol, hat es gleichsam Anteil an beiden. Das Sinnbild ist auf das Wirkliche bezogen und ist doch noch rational erfaßbar.

Anders verhält es sich mit dem Symbol, welches nicht das Bild eines geistigen Sinnes ist, sondern unmittelbarer, vom Geiste gesetzter Ausdruck seiner selbst. Denn im Symbol wirkt das Symbolisierte selber – es ist im Symbol in der Weise des opus operatum gegenwärtig und wie Radium ausstrahlend. Das Symbol gehört darum zu den tiefsten Geheimnissen des Menschseins und der Schöpfung. Jede Religion, jede höhere Erkenntnis gründet auf dem Symbol, das nicht bedeutet, was es darstellt, sondern es auch ist. Wie die ostkirchliche Ikone nicht nur heilige Gestalten, sie erinnernd, zeigt, sondern diese in ihr (nach der Ikonen-Theologie) wirklich im Bilde gegenwärtig sind, so ist auch das jeweils Symbolisierte im Symbol gegenwärtig und zwar derart, daß es im nous des Menschen das bewirkt und erzeugt, was es in seinem Wesenscharakter ist.

Es ist darum festzustellen, daß es vom Menschen aus gesehen grundsätzlich zwei Weltaspekte gibt: den nützlich-zweckmäßigen des sich unaufhörlich wandelnden Lebensvordergrundes und den symbolisch-substantiellen des unwandelbaren Lebensgrundes. Die Frage nach dem Wesen des Lebendig-Schöpferischen kann niemals auf der Ebene des Zweckmäßigen beantwortet werden. Sie findet einzig Antwort in der sinnlich-geistigen Ausdrucksweise des Symbols. Und dies gilt insbesondere in bezug auf das Hereinragen des Göttlichen in die Sinnen- und Seelenwelt. Vom Göttlichen gibt es angemessenes Zeugnis nur durch das Symbol.

Was darunter zu verstehen ist, wird an einem Beispiel deutlich. Johannes der Täufer begrüßt Jesus als das „Lamm Gottes, welches der Welt Sünden hinwegnimmt". Damit ist in einem vielschichtigen Symbol Zeugnis abgelegt von der Selbstentäußerung Gottes in seiner Menschwerdung, von seiner Einschränkung in den Menschenleib, von seinem Sich-selbst-zum-Opfer-Bringen, seiner Ausgeliefertheit wie seiner Unschuld. Aber die Formulierung „Lamm Gottes", die als dingliche Voraussetzung das Opferlamm des jüdischen Kultes hatte, ist kein Sinnbild für die Passion und Heilstat Jesu, sondern realisiert und bezeugt diese in innigster Konzentration als ein übergeschichtliches, bis auf den Weltgrund reichendes Ereignis.

Darum läßt sich mit Edgar Dacqué aussagen, daß „symbolisch ganz allgemein jenes Wissen, jener Daseinszustand ist, in dem das Sinnenhaft-Empirische lebendiger Ausdruck des ihm Immanenten einer höheren Wirklichkeit ist. Ein Symbol ist für uns niemals ein von außen herangebrachtes Abbild von etwas, was kausal, phänomenal oder gegenständlich wäre. Es bezieht sich immer auf das diesen Kategorien Transzendente, auf das Unnennbare, Ungreifbare, Unbeschreibliche, was sich von innen her in ihm lebendig objektiviert. Es ist aus dem Innersten geschöpft und geschaffen, ist nur da für das Unaussprechliche. Echtes Symbol hat seine eigene immanente Lebendigkeit, denn es enthält Jenseitiges – es bedeutet ein reines Darstellen des Urquells." [9]

Vom Symbol muß aber unterschieden werden die Allegorie. Goethe unterscheidet beide folgendermaßen: „Die Allegorie verwandelt die Erscheinung in einen Begriff, den Begriff in ein Bild, doch so, daß der Begriff im Bilde immer noch begrenzt und vollständig zu halten und zu haben und an demselben auszusprechen sei. Die Symbolik hingegen verwandelt die Erscheinung in Idee, die Idee in ein Bild und so, daß die Idee im Bild immer unendlich wirksam und unerreichbar bleibt, selbst in allen Sprachen ausgesprochen doch unaussprechlich bliebe" (Sprüche in Prosa 742/43).

Und Dacqué: „Denn die Allegorie muß in ihrer Bedeutung immer konventionell festgesetzt werden, ihr fehlt die Transzendenz und Spontaneität der Symbole. Die Allegorie erschöpft sich als verständliches Produkt in ihrer einmaligen Bezeichnung einer dem Wachsinn zugänglichen Angelegenheit. Sie bedarf des äußeren Bildes, der Nennung und Rede, des bewußt rationalen Gegenübers von Ich und Es, um etwas zu sein; ohne das ist sie völlig belanglos und uninteressant. Das Symbol aber fordert innere Vereinigung und Versenkung ... Das Symbol erlaubt, wenn man sich hineinversenkt, immer tiefer und tiefer einzudringen, immer Neues, Echtes herauszulesen, immer Höheres, immer Unaussprechlicheres zu erleben, je nachdem wir selbst innerlich aufgeschlossen sind, um zuletzt in schweigendem Schauen uns zu verlieren."[10]

Diese Formulierungen Goethes und Dacqués decken den vielschichtigen, niemals in einen Begriff zu bannenden Charakter jedes echten Symbols auf als das ebenso Eröffnete wie Verborgene. Denn das Symbol ist infolge seiner sinnlich-geistigen Doppelnatur schillernd wie das Lebendige selber. Gerade darum ist es befähigt, als jeder Willkür und jedem Intellektualismus entzogener Spiegel der Wirklichkeit zu dienen. Ähnlich äußert sich C. G. Jung in seinen „Paracelsica":

„Was zwischen Licht und Finsternis sich ereignet, was die Gegensätze eint, hat teil an beiden Seiten und kann ebensogut von links wie von rechts beurteilt werden, ohne daß man dadurch klüger würde: man kann nur wieder den Gegensatz aufreißen. Hier hilft nur das Symbol, welches, seiner paradoxen Natur gemäß, das Tertium darstellt, welches es nicht gibt nach dem Dafürhalten der Logik – welches aber das lebendig Wahre ist nach der Wirklichkeit ... Man hat zwar einen begreiflichen Wunsch nach unzweideutiger Klarheit; dabei vergißt man aber, daß seelische Dinge Erlebnisvorgänge, d.h. Wandlungen sind, welche niemals eindeutig bezeichnet werden dürfen, will man nicht das lebendig Bewegte in ein Statisches verwandeln. Darum drückt das schillernde Symbol den seelischen Prozeß treffender, vollkommener und damit unendlich viel klarer aus als der klarste Begriff; denn das Symbol vermittelt nicht nur eine Anschauung des Vorganges, sondern auch – was vielleicht ebenso wichtig ist – ein Mit- oder Nacherleben des Vorganges, dessen Zwielicht nur durch ein inoffensives Mitfühlen und niemals durch den groben Zugriff der Deutlichkeit verstanden werden kann."[11]

Diese Anschauung C. G. Jungs von der Ambivalenz, aber auch von der Wirkkraft jedes Symbols, wurde bereits vorweggenommen von Friedrich Kreuzer, dem bedeutenden Mythologen der Romantikerzeit, der – darin liegt seine geschichtliche Bedeutung – insbesondere auf Goethe und auf die symbolisch-mythologischen Grundlagen des Faust II gewirkt hat. Er nennt „die höchsten Äußerungen des bildenden Vermögens" Symbole. „Das Symbolische gilt als die Wurzel alles bildlichen Ausdrucks, und ihm ist eigentümlich: das Momentane, das Totale, das Unergründliche ihres Ursprungs und das Notwendige ... Im Symbol nimmt ein allgemeiner Begriff das irdische Gewand an und tritt als Bild bedeutsam vor die Augen unseres Geistes ... Ursprünglich wichen Bild und Wort nicht voneinander ab, sie waren innig gegattet und durchdrangen sich gegenseitig ... Beharrliche Bildlichkeit ist der Grundcharakter der ältesten Satzungen und Glaubenssätze der Menschheit."[12]

In ähnlicher Weise umschreibt J. C. Bachofen, einer die Wiederentdecker der antiken Symbolik im 19. Jahrhundert, das Wesen des Symbols: „Zu arm ist die menschliche Sprache, um die Fülle der Ahnungen, welche der Wechsel zwischen Tod und Leben wachruft, und jenen höheren Hoffnungen, die der Eingeweihte besitzt, in Worte zu kleiden. Nur das Symbol und der sich ihm anschließende Mythos können diesen edleren Bedürfnissen genügen. Das Symbol erweckt Ahnungen, die Sprache kann nur erklären. Das Symbol schlägt alle Saiten des menschlichen Geistes zugleich an, die Sprache ist genötigt, sich immer nur einem einzigen Gedanken hinzugeben. Bis in die geheimsten Tiefen der Seele treibt das Symbol seine Wurzel, die Sprache hingegen berührt wie ein leichter Windhauch die Oberfläche des Verständnisses. Davon ausgenommen ist freilich die Sprache des Dichters, die hinter die Alltags-Abgegriffenheit des Wortes dringt und die seherisch mit ihrer Wurzel ebenfalls in die Tiefe der Seele, des Welthintergrundes und schließlich, wie Dante, bis in die Herzmitte Gottes, die goldene Rose, reicht. Jenes ist nach innen, dieses ist nach außen gerichtet. Nur dem Symbol gelingt es, das Verschiedene zu einem einheitlichen Gesamteindrucke zu verbinden. Die Sprache reiht Einzelnes aneinander und bringt immer nur stückweise zu Bewußtsein, was, um allgewaltig zu ergreifen, notwendig mit einem Blicke der Seele vorgeführt werden muß, Worte machen das Unendliche endlich, Symbole entführen den Geist über die Grenzen der endlichen, werdenden in das Reich der unendlichen, seienden Welt. Sie erregen Ahnungen, sind Zeichen des Unsagbaren, unerschöpflich wie dieses, mysteriös wie notwendig und ihrem Wesen nach, wie jede Religion, eine stumme Rede – darin beruht die ergreifende Macht der mythischen Darstellungen.“ [13]

„Beharrliche Bildlichkeit“ der Seele und die religiöse Zeugungskraft des Symbols sind aber nicht nur in der Vergangenheit zu suchen – sie sind dem Menschen zeitlos eigentümlich. In Dichtungen und Legenden, in Träumen wie in der Politik spielt das Symbol, die Kraft, dingliche Realität als geistige Wirklichkeit zu erfahren, heute wie gestern eine entscheidende Rolle zur Integration der Sachwelt. Freilich ist in unsern Tagen das Weltbild nicht mehr derart von der Symbolik geprägt wie z. B. im frühen Mittelalter. Damals sprachen sich Sinn und Methode einer religiösen Weltschau ungebrochener aus als in unserer Zeit des vorherrschenden diskursiven Denkens. Denn das religiöse Weltbild – und zwar in allen Kulturen, eingeschlossen jene der Evangelien und des christlichen Mittelalters – sieht alle Erscheinungen in einem innigen Zusammenhang, dessen Grundprinzip nicht „von dieser Welt“ ist. In solcher religiöser Schau bestehen alle Dinge nur im Widerschein des Göttlichen, dessen leibhafte Aussage sie sind.

Wir finden diese Sicht insbesondere in der theologia naturalis der Psalmen und in den Gleichnissen Christi, die so vielfältig von der geistigen Bedeutung der Natur handeln. Und wenn auch Origenes der Anschauung ist, daß dieser universale Kosmos „um des Menschen willen geschaffen ist“[14], so modifiziert das Mittelalter diese Auffassung durch die Verkündigung, daß der Mensch nicht wegen seines Selbstes geschaffen sei, sondern wegen des Auftrages, den dieses Selbst erhalten. Darum hat zwar im mittelalterlichen Weltbild nichts in dieser Schöpfung an sich eine Bedeutung, es erhält sie dadurch, daß jede Erscheinung in bezug zum Weltsinn, zum Logos gesetzt wird. Dann freilich enthüllt sich der symbolische Stellenwert in allen Gestalten der Welt-Symphonie, wodurch jedes Geschöpf sinnvoll in eine große Ordnung gestellt wird. Dies aber ist nur möglich im Bereich des Symbols. Darum ist die bevorzugte Sprache für die geistige Wesensmitteilung des Mittelalters das einen großartigen Kosmos aus metaphysischen, übersinnlichen Gestalten und Kräften hervorgebracht hat, das Symbol.

Nach dem Gesetz der „unähnlichen Ähnlichkeiten“ wird so dem Menschen die Erkenntnis göttlicher Wirklichkeiten vermittelt. So erscheint z. B. bei Albertus Magnus Maria als Symbol des Ideengehaltes der ganzen Schöpfung, alles in allem. Sie ist für ihn im Sinne der unähnlichen Ähnlichkeiten: Mutter, Freundin, Schwester, Braut, Jungfrau, Königin, Himmel, Firmament, Sonne, Horizont, Luzifer-Phosphorus, Aurora, stella maris, Licht, Tag, Wolke, Erde, Thron, Stuhl, Tempel – und noch vieles mehr. Und welch reiche Drachensymbolik hat das gesamte Mittelalter entfaltet, weit über den Rahmen der biblischen Tradition hinaus, um den Kampf von

Licht und Finsternis, in den sich der frühe Mensch mehr als der heutige hineingestellt fühlte, dem einzelnen ringenden Menschen wie der Gemeinschaft hilfreich vor Augen zu stellen.

Es darf freilich nicht unterlassen werden zu erwähnen, daß die echte Symbolkunde als Zeugnis des Wirklichen und Währenden im Laufe der Geistesgeschichte entarten kann. Dies geschah z. B. im spätantiken Hellenismus dadurch, daß die lebenspendenden, den Geist ordnenden Symbole des Altertums zu stereotypen Formeln, Zeichen oder Ornamenten wurden, deren Sinn allmählich nicht mehr wahrgenommen wurde und so verloren ging. Ähnliches ereignete sich in der Hochgotik, in welcher Zeit ein wahrer Symbol-Manierismus ausbrach – ein Wuchern von Symbolen, das in Analogie stand zu dem krautigen Wuchern der gotischen Fialen und Ornamente. Alles und jedes wurde symbolisiert oder eigentlich allegorisiert, so daß durch dieses Übermaß der eigentliche Sinn der Symbole immer mehr verloren ging und diese nach und nach zu verstandesmäßig gesetzten Allegorien herabsanken, zu erklügelten, willkürlich gesetzten, oft genug geschmacklosen Sinnbildern.

SYMBOL UND PSYCHE

Zweifellos vollzog sich die Bewußtwerdung des mittelalterlichen Menschen, seine Welterfahrung, durch das Medium der Symbolik, wodurch sich in diesem Prozeß ein allgemein-verbindliches symbolisches Weltbild auskristallisierte, das von Fürst und Volk, von Theologen und Laien gleicherweise als gültig empfunden wurde. Jedoch seit der Zeit der Renaissance, in der nicht das vorsokratisch-mythische, sondern das immer mehr abstrakter Logik verfallene Griechentum auferstand, setzte sich mehr und mehr ein „sachliches“, auf der Kenntnis kausaler Naturgesetze beruhendes Weltbild durch. Dieses aber hat schließlich zu einer Entgöttlichung der Welt und zur Entseelung des Menschen geführt. Auch das Christentum hat sich dieser in der Folge zur Revolution treibenden Wendung geführt – zuerst zwar widerstrebend, wie die Reaktion der Kirche in dem heute überschätzten Fall Galilei erweist – dann aber immer mehr fasziniert von dem in seiner letzten Konsequenz lange nicht durchschauten Umsturz aller Werte.

Doch nachdem sich das Christentum erst einmal mehr oder minder von dem antik-biblischen symbolischen Weltbild gelöst hatte, verlor es auch allmählich das Verständnis für das tiefsinnige symbolische Denken, in dem es gegründet ward und durch das es seine großen schöpferischen Taten hervorgebracht hatte. Besonders im Protestantismus beeilte man sich mit diesem „Vergessen“, und man wurde damit in knapp hundert Jahren fertig, nur wenig aufgehalten durch die an antikes Erbe in schöpferischer Geprägung anknüpfende barocke protestantische Reformbewegung der „Rosenkreuzer“[15].

Innerhalb der katholischen Kirche wurden die Zeugnisse der symbolischen Denkart zäher bewahrt und erfuhren in der Mariensymbolik des Barocks eine neue Blüte. Aber auch in diesem Bereich vermochte man immer weniger, den innern Gehalt der Symbole zu verstehen, so daß sie oft genug zu Formeln ohne Inhalt wurden. Der große Bruch im abendländischen Geiste wurde somit unabwendbar – und in ihm ist sowohl dann die Ursache jener geistigen Katastrophe zu suchen, die schließlich zu der heutigen Desintegration und Säkularisierung der abendländischen Kultur geführt hat.

Aber inmitten dieser Katastrophe, die die Menschheit in Verwirrung stürzte und sie jeder Art von psychischen

Seuchen aussetzte, waren es insbesondere zwei Männer, die entdeckten, daß die symbolische Welt, über die ein erbarmungsloses Sachdenken zu triumphieren schien, durchaus nicht tot war. Jenseits aller historischen Erwägungen wurde nämlich durch die Forschungen Sigmund Freuds und C. G. Jungs[16] klar, daß die Symbole beständig und keineswegs unterdrückbar im Innern des Menschen immer neu und unwillkürlich produziert werden. Ebenso zeigte es sich im Verlaufe dieser Forschungen, daß die Seele in ihren innersten Anliegen sich vor allem einer ihr angemessenen Sprache bedient: eben der Sprache der Symbole und der bedeutungsvollen Bilder. Und des weiteren ward entdeckt, daß sich in der schöpferischen Tiefendimension der Seele Lebensprozesse von großer Wichtigkeit abspielen, die sich nicht unmittelbar, sondern nur durch Symbole fassen lassen. Vor allem war es aber C. G. Jung, der zu zeigen vermochte, daß die Symbole der Seele denen der Religionen auffallend ähnlich sind. Diese Entdeckung hatte eine Renaissance des Symbolverständnisses zur Folge. Es ist bei der Erwähnung Freuds keineswegs übersehen, daß sich in seinem Lehrgebäude aufklärerischer Rationalismus, ja schroffe Religionsfeindseligkeit, mit einem neuen, einzigartigen Symbolverständnis paart. Freud ist ebenso ein Zerstörer wie ein Neubildner. Gerade als Symbolverständiger wird man ihm nicht in allem folgen können – schon darum nicht, weil er einen einzigen Mythus und diesen dazu noch unvollständig, nämlich den von Ödipus, aus der Fülle der Mythen und Symbole heraushob und ihm eine sehr beschränkte Deutung auf Komplexe des menschlichen Trieblebens gab. Die Tiefenpsychologie, vor allem die C. G. Jungs, kann zur Wiedergewinnung des Symbolverständnisses hilfreich sein. Aber es ist zu beachten, daß in der Tiefenpsychologie die Tendenz zur Ersatzreligion am Werke ist.

Lebte jedoch der mittelalterliche Mensch naiv in seinem Symbolkosmos, von seinen Einstrahlungen umgeben wie der Fisch vom Wasser, so steht der heutige Mensch diesem Bereich bewußter gegenüber. Denn, wenn er auch die Welt in Lust und Angst ebenso ersehnt und erleidet wie der mittelalterliche, so ist er doch zugleich bemüht, ihre Gesetze zu erforschen, weil er inne geworden ist, daß auch sein rationalistisch oder sentimental verseuchtes Leben von hintergründigen Seelen- und Geistkräften, die sich in den Symbolen aussprechen, gesteuert wird.

Nach Karl Gustav Carus, dem Arzt und Maler, dem Freunde Goethes, hat schließlich um die Jahrhundertwende Sigmund Freud in voller Konsequenz die Gestalten und Zeichen des Seelenbereiches wieder entdeckt, als Kräfte des Antriebes für Leib und Seele. Wie einst die Enträtselung der Hieroglyphen dem heutigen Menschen die ägyptische Kultur erschloß, so erschloß die Widerentdeckung der Symbole der Seele, wie sie sich in Traum und Dichtung kundgibt, erneut den Seelengrund. Freilich gehörte die Kenntnis dieser Symbolsprache im Altertum zu dem von den Priestern bewahrten Wissen von Gott und Mensch, Heil und Unheil. So nützte z. B. die Priesterschaft der Asklepios-Heiligtümer diese Kenntnisse als diagnostisches Mittel zur Heilung von Krankheiten. Auch der jüdische Talmud überliefert eine Wissenschaft der therapeutischen Traumdeutung. Die Rabbis des Talmuds waren durchaus bewußt, daß die Traumbilder und -symbole in enger Beziehung stehen zum religiösen und physischen Leben.

In unserer Zeit gelang es erst C. G. Jung, die Entdekkung Freuds von allem ihr noch anhaftenden Skeptizismus, Naturalismus und Rationalismus zu befreien, indem er die Verwandtschaft der seelischen Symbole und Traumbilder mit den Mythen der Völker nachwies. Er konnte die Gestalten, Ereignisse und Symbole der Mythen auch als konstante Elemente der Träume und Wachphantasien nachweisen. Und da er feststellte, daß die mythischen Bilder des „Bewußtseinsinnern" oder des „Unbewußten" keineswegs willkürlich auftauchen, daß sie vielfach auch nicht mit den im Wachbewußtsein erworbenen Vorstellungen übereinstimmen und darum auch nicht als Nachklänge desselben angesehen werden können, gelangte Jung zur Annahme, daß es sich bei diesem spontanen Aufsteigen der mythischen Bilder im seelischen Erleben um „autochthone Wiedererstehung (der Bilder) jenseits aller Tradition" handeln müsse, „mithin um das Vorhandensein von mythenbildenden Strukturelementen der unbewußten Psyche."[17]

Diese Entdeckung der aktuellen mythenbildenden Struktur der Psyche hat nun aber die Einsicht zur Folge, daß, trotzdem die Mythen und die Mythenbildung geschichtlich und psychisch einer archaischen Schicht des menschlichen Bewußtseins entstammen, dies „Archaische" nicht nur in einer versunkenen Vergangenheit gesucht werden darf, sondern ebenso heute noch als eine schöpferische Kraft der menschlichen Seele aufgefunden wird. Damit hat der Mythos, den man im Zeitalter der modernen Aufklärung glaubte, wissenschaftlich erledigt zu haben, seine Aktualität wiedererlangt. Nun stellt sich freilich um so dringlicher die Frage nach Sinn und Bedeutung des Mythos und der mythischen Bilder, der Symbole.

Hierbei darf als gesichert gelten: zwischen dem Mythos und dem Symbol herrscht eine lebendige Bezogenheit – ohne das Symbol kein mythischer Bericht. Der Mythos setzt das Symbol voraus, oder – um mit Bachofen zu reden – „der Mythos ist die Exegese des Symbols, er entrollt in einer Reihe äußerlich verbundener Handlungen, was jenes einheitlich in sich trägt."[18] Jeder

Mythos ist ein dromenon, ein Drama, dessen Grundbestandteile Symbole oder auch Mythologeme sind – der Mythos ist gleichsam die Dramatisierung des Symbols. Denn der Mythos gehört zwar wie das Symbol der Bilderwelt an – aber im Gegensatz zum Symbol mit seinem „zeichenhaften Charakter" übermittelt der Mythos seine Kunde in erzählender Form, er ist immer die Erzählung von etwas in einer Urzeit Geschehenem, von einem Urphänomen, das durch die „Erinnerung" wieder innerlich lebendig gesetzt wird.

Es kann darum gar nicht anders sein, als daß es sich bei diesem Er-Innern, bei diesem Innewerden der aus der Lebenstiefe aufsteigenden Bilderfolgen stets um einen Versuch der Sinndeutung des Seins handelt. „Darum waren" – äußert sich der Mythologe Karl Keréniy – „die mythologischen Bilder für diejenigen, die sie ernst genommen haben, immer Seinsbilder, d. h. Bilder, in denen sich die Geheimnisse des Seins offenbaren. Hinter dem Warum oder Woher der Mythologie steht immer das, was ‚ursprünglich war' – oder mit anderen Worten, in der Ausdrucksweise der Philosophie, ‚was eigentlich ist'. ‚Das, was eigentlich ist', steht in der Mythologie in seiner ganzen Seinsfülle da und doch in bildlicher Form zusammengefaßt."[19] Solch mythisch – symbolische – Schauungen nennt Keréniy „die in Ausdrucksformen des Göttlichen aufgegangene Welt."[20]

Schelling, einer der Wiederentdecker des Mythos als echte Lebens- und Geistkategorie, versucht die Beziehung des Mythos zum menschlichen Bewußtsein aufzudecken: „Die Mythologie entsteht durch einen (in Ansehung des Bewußtseins) notwendigen Prozeß, dessen Ursprung ins Übergeschichtliche sich verliert und ihm sich selbst verbirgt, dem das Bewußtsein sich vielleicht in einzelnen Momenten widersetzen, aber den es im ganzen nicht aufhalten und noch weniger rückgängig machen kann ... Die mythologischen Vorstellungen sind weder erfundene noch freiwillig angenommene Erzeugnisse eines vom Denken und Wollen unabhängigen Prozesses, waren sie für das ihm unterworfene Bewußtsein von unabsehbarer Realität. Völker wie Individuen sind nur Werkzeuge dieses Prozesses, den sie nicht überschauen, dem sie dienen, ohne ihn zu begreifen. Es steht nicht bei ihnen, sich diesen Vorstellungen zu entziehen, sie aufzunehmen oder nicht aufzunehmen, sie sind in ihnen, ohne daß sie sich bewußt sind wie; denn sie kommen aus dem Innern des Bewußtseins selbst, dem sie sich mit einer Notwendigkeit darstellen, die über ihre Wahrheit keinen Zweifel verstattet ... Die Hauptfrage in Ansehung der Mythologie kann nur die Bedeutung des Prozesses sein, durch den sie entsteht ... Weil die Mythologie nicht ein künstlich, sondern ein natürlich, ja unter gegebenen Voraussetzungen mit Notwendigkeit Entstandenes ist, lassen sich in ihr nicht Inhalt und Form, Stoff und Einkleidung unterscheiden. Die Vorstellungen sind nicht erst in einer andern Form vorhanden, sondern sie entstehen nur und zugleich mit dieser Form ... Der mythologieerzeugende Prozeß hat schon im ersten wirklichen Beginn der Menschheit seinen Grund und seinen Anfang."[21]

Was Schelling hier „das Innere des Bewußtseins" nennt, würde in heutiger Begriffsbildung als „das Unbewußte" umschrieben, und zwar, da bei der Mythenbildung nicht nur die Individuen, sondern auch die Völkertraditionen einbezogen sind, hat dieses Bewußtseinsinnere nicht nur als das individuelle, sondern auch als das „kollektiv Unbewußte" zu gelten. Doch so, wie die Mythen in ihrem Kerne auf typischen Motiven beruhen (das Kind, der Held, die Braut, die große Mutter, der Drache, der Zauberer, der Weise etc.), Mythologeme genannt, die sich in jeder Zeit und Kultur in sich wandelnden Mythen neu ausprägen oder „phantasiert" werden, wobei das Kernmotiv, das Mythologem, das Prägende, der Mythos das Geprägte darstellt, so kennt auch Jung Kern- oder Urmotive des seelischen Lebens und Imaginierens, die er wegen ihres den Mythologemen verwandten Charakters Urbilder oder Archetypen nennt.[22] Diese sind es, die, in einem Bereich jenseits auch noch des Unbewußten wirkend, in diesem die Symbole und mythischen Gestalten erwecken oder prägen. „Diese Bilder sind insofern Urbilder, als sie der Gattung schlechthin eigentümlich sind, und wenn sie überhaupt entstanden sind, so fällt ihre Entstehung mit dem Beginn der Schöpfung zusammen."[23]

Diese archetypischen Bilder werden von Jung als „lebendige Bereitschaften", als Möglichkeiten der „Vorstellungsform" und somit als kollektive Strukturelemente der menschlichen Seele angesehen, wobei für den Inhalt des im Bild Erkannten unendliche Variationen und damit ein beständiger Gestaltwechsel gegeben ist. Für Jung sind dabei diese jeweils möglichen Inhalte, die durch die der Willkür entzogene schöpferische Phantasie in den Träumen und in der aktiven Imagination als Bilder sichtbare Gestalt annehmen, niemals willkürliche Fabelei, sondern Ausdruck seelischer Lebensmächte, die durchaus ernst genommen werden müssen[24]. Jung deutet diese archetypischen Bilder der Träume, Visionen, Dichtungen als Selbstmanifestationen des Innern (Unbewußten), als Seinsbilder und als Manifestationen metaphysischer Wirklichkeiten. „Der Archetypus repräsentiert oder personifiziert gewisse instinktive Gegebenheiten der primitiven, dunklen Psyche, der eigentlichen, aber unsichtbaren Wurzeln des Bewußtseins."

Durch diese Anschauung Jungs wird in Übereinstimmung mit Kerény die Grenze zwischen „Mensch" und „Welt", nicht aber die Grenze zwischen Mensch und Gott aufgehoben. Der „Seelengrund" kann daher zum

„Weltgrund“ werden, und dies schon darum, da nach Origenes die Welt um des Menschen willen geschaffen ist. In diesem Durchbruch der Seele zur Welt, in dieser der Ratio entzogenen unmittelbaren, geistig-bildhaften Welterfahrung der Seele, liegt offensichtlich eine ungeheure Möglichkeit, aber auch eine Gefahr. Denn diese Möglichkeit bedeutet, daß die Seele einen unmittelbaren Zugang zum natürlichen Welthintergrund besitzt, daß sie in ihrer Erfahrung der Welt zugleich über sie hinaus dringt, in das Reich der Ideen, der Archetypen, des Wirkenden im Gewirkten. Die Seele ist zur unmittelbaren und translogischen Wahrheitserfahrung im Medium der Symbole befähigt. Wie könnte sich ihr Gott sonst offenbaren, wenn die Menschenseele nicht schon, wie ein Instrument für den Musiker, für diese Offenbarung gestimmt wäre?

Wenn aber nach Tertullian „die Seele von Natur aus christlich ist“, (d. h., fähig, sich Gott zuzuwenden, ihn zu hören, zu schmecken, zu fühlen), dann muß die Seelenstruktur auf Gott hin gestimmt sein, den freilich der innere Mensch, infolge seiner Labilität und Entscheidungsfreiheit auch verfehlen kann. Gott tut der Seele durch seine Offenbarung keine Gewalt an, sondern führt sie dadurch aus ihrem verdunkelten Zustand zu vollem Leben zurück. Aber anderseits liegt in dieser seelisch-geistigen Unmittelbarkeit die Gefahr enthalten, daß Gott, dessen Wirken keinesfalls an seine Welt gebunden ist, wenn er unmittelbar in die Seele einspricht, mit den geistigen Natürlichkeiten der Welt identifiziert wird. Es gibt eben auch ein Durchbruchserlebnis durch Welt und Seele hindurch. Die Welt der Symbole und Mythen – das muß darum einschränkend gesagt werden – entspricht dem Bereich des natürlich Religiösen, auf dem sich freilich jede Offenbarung und ihre Gestalt aufbaut. Es gehört mit zu den Ursachen unserer geistigen Katastrophen und des Niedergangs der gemeinschaftsbildenden religiösen Kräfte, daß diese weithin die Verbindung zwischen der Offenbarung im Worte Gottes und dem natürlich Religiösen gelöst haben.

Jede Religion hat seelische Wurzeln, Wurzeln im Seelisch-Religiösen. Schneidet man die ab zugunsten eines sogenannten „reinen" Wortes Gottes, zugunsten eines Prinzips der „sola scriptura" einerseits oder der reinen Innerlichkeit anderseits, oder zugunsten einer sogenannten reinen Religion, dann fällt eben dies Wort Gottes in den Abgrund der Ratio und des Bewußtseins, in dem es atomisiert wird. Der Mensch aber lebt vom Wort *und* vom Brot – von sinnlicher Gestalterfahrung und Geist. Im Protestantismus und neuerdings unter seinem Einfluß auch in der katholischen Theologie hat sich dieser Prozeß der seelischen Entwurzelung des Religiösen intensiv und verhängnisvoll ereignet: eine Entwurzelung des Menschen war die Folge. Jung spricht sich darüber folgendermaßen aus: „Infolge der Niederreißung der Schutzmauern der Kirche (gegen das freie Walten der archetypischen Kräfte) hat der Protestant die heiligen Bilder als Ausdruck wichtiger unbewußter Faktoren verloren, zusammen mit dem Ritus, welcher seit undenklichen Zeiten ein sicherer Weg gewesen ist, mit den unberechenbaren Kräften des Unbewußten fertig zu werden. Ein großer Betrag an Energie wurde so befreit und floß sogleich in die alten Kanäle der Neugier und Eroberersucht, wodurch Europa die Mutter von Drachen wurde, welche den größeren Teil der Erde verschlungen haben."

„Seit jenen Tages ist der Protestantismus ein Triebbeet von Schismen geworden und gleichzeitig für eine rasche Entwicklung von Wissenschaft und Technik, welche das menschliche Bewußtsein derart angezogen, daß es die unberechenbaren Mächte des Unbewußten vergaß …

Diese ganze Entwicklung ist Schicksal. „Ich würde“, sagt Jung, „weder dem Protestantismus noch der Renaissance die Schuld daran geben. Aber eines ist sicher – daß der moderne Mensch, Protestant oder nicht, den Schutz der kirchlichen Mauern ... weitgehend verloren hat und wegen dieses Verlustes sich der Zone des weltzerstörenden und weltschaffenden Feuers genähert hat. Das Leben ist schneller und intensiver geworden. Unsere Welt ist erschüttert und durchdrungen von Wellen der Ruhelosigkeit und Furcht.“[25]

In der „beharrlichen Bildlichkeit“ der Seele liegen aber die gemeinsamen Wurzeln seelischer und religiöser Erfahrung. In diesem Bilderraum der Seele, als einer Schatzkammer der Symbole, ist die bedeutungsvolle Möglichkeit des Menschen gegründet, in seiner Welterfahrung, wenn er sich der „Welt“ wirklich als einer passio stellt, die göttliche Wahrheit und das Leben als heilige gottgewirkte Ganzheit zu antizipieren. Hierzu gehört freilich die eigentümliche Tatsache der geschwisterlichen Verwandtschaft von Religion und Eros[26], die beide merkwürdigerweise nicht nur mit den gleichen Symbolen von ihren Erfahrungen künden, sondern hierfür auch von einander die Sprache entlehnen. Ein besonders aufschlußreiches Beispiel bieten die Dichtungen des ganz auf Entwerden gerichteten Mystikers Johannes vom Kreuz, die so sehr in die erotische Glutsprache des Hoheliedes getaucht sind, daß, wer nicht weiß, um welchen Autor es sich handelt, glauben könnte, leidenschaftlichste Liebesdichtung zu lesen. So erweist sich an diesem Beispiel, daß in den Affekten des Eros, in dem Erhoben- und Überwältigtwerden durch den erotischen „Dämon“ keimhaft schon alle „Erhebungen“, alle Ekstasen und Beglückungen durch das Göttliche enthalten sind. Die im dunklen Innern des Menschen wesenden Bilder und Symbole sind Antizipationen des Göttlichen, dunkle

Vorformen, die freilich noch der „Enthüllung" durch einen Erleuchter und Erlöser bedürfen.

Andererseits ist es nicht erlaubt, diesen Schatz der Seele im dunklen Grunde ruhen zu lassen – so verdürbe er, und infolgedessen bräche die Bilderwelt und die in ihr inkrustierten Kräfte als eine dämonische Besessenheit über den sich verschließenden Menschen herein. Joseph Görres gibt für dieses erschreckende Phänomen in seiner „Dämonischen Mystik" Beispiele genug[27]. Darum muß der „Schatz" aus der Tiefe geholt werden. Denn dort wird er, „im Brunnen", wie die Sage erzählt, von der Schlange (des Unbewußten) gehütet. Und nur der Held, der in den Brunnen steigt, der Gefahr gewärtig, von der Tiefe verschlungen zu werden, vermag es, die Perle, das Juwel, an jenes Licht zu tragen, aus dem es ja ursprünglich stammt, es als Lichtfunke wieder mit dem Lichte zu einen. Denn wer könnte die sinndeutenden Bilder, ohne unsere Bemühung, in den dunklen Abgrund unserer Seele versenkt haben, als derjenige, der sie einst geschaffen?

Laotse nennt dies Urwesen „den Sinn". Gott ist der Sinn der Welt und zugleich ihr Sinngeber. Wo immer in der Dunkelheit Sinn aufleuchtet, wo immer bloße Funktion zur Bedeutung wird, seelisch oder weltlich, da ist das Licht wahrhaft in das Dunkel gedrungen und wurde nicht von diesem zurückgewiesen wie einst in der großen Weltkatastrophe, sondern hat vielmehr zur Erleuchtung geführt. Das Symbol, in dem sich die persönlichen Bilder der Seele objektivieren, ist ein Mittel der Daseinserhellung – freilich nicht auf der Ebene der intellektuellen, begrifflichen Ausgliederung, auf der Ebene des abstrakten, d.h. vom Leben abgezogenen und nur auf sich selbst bezogenen Geistes, sondern auf der Ebene des Existenziellen, die eine einzige Seinsebene darstellt und in der es darum keine Gegenüberstellung von heilig und profan geben kann. Das auf die Existenz bezogene und nur im existenziellen Vollzug realisierbare Symbol ist darum zugleich heilig und profan, beides in einem. Darum steht im Symbol und in seiner Exegese der Geist oder die Seele nicht der Welt oder Gott gegenüber, sondern steht mit diesen in Kommunikation. Im Symbol kommunizieren das Innen und das Außen, das Oben und das Unten, die Triebe und der Geist, die Phantasie und die Gestalt, das Sterbliche und das Ewige.

SYMBOL UND MAGIE

Es hat noch nie, ausgenommen in Verfallszeiten, eine Kultur ohne prägende Symbole gegeben. Die Begegnung des Menschen mit dem Wirklichen hat ihn stets dazu veranlaßt, eine Sprache auszubilden, in welcher er die erfahrene geistige Wirklichkeit mitzuteilen vermochte. Und das ist die Symbolsprache, mit welcher er seine Erfahrungen im Bereiche der Religion, des Eros und der Kunst aufzeichnete und der Mit- und Nachwelt zu vermitteln wußte. Und wie wir bereits feststellten, sind alle Symbole Leben stiftende Heilszeichen oder auch Unheilszeichen, mit denen ein immanent drohendes Unheil abzuwehren unternommen wurde. Alle heiligen Bücher sind durchwirkt von solchen Heilszeichen, die im Menschen das als Wirklichkeit heraufbeschwören, was sie formen und darstellen. Darum könnte man mit gutem Recht die Heilige Schrift ein Buch der Heilszeichen nennen. Nur wer diese zu „lesen“ versteht, vermag den Text bis in seine Hintergründe zu verstehen. Dies will sagen: heilige Texte, aber auch solche, die den tieferen Sinn des Alltags betreffen, sind in einer Geheimschrift „geschrieben“, die immer wieder entziffert werden muß.

Dafür bringt allerdings der Mensch Voraussetzungen mit – denn wie bereits angedeutet entsprechen die Symbole, die der Mensch ausformt, den in seinem Innern wirkenden Bildkräften. Es besteht eine magische Relation zwischen den innern Bildern und den außen sichtbaren Symbolen. Freilich müssen, um dies einzusehen, die üblichen, insbesondere von Theologen genährten abergläubischen Vorurteile in bezug auf Wesen und Bedeutung der Magie und des magischen Weltbildes aufgegeben werden. Denn so urteilt der bekannte Theologieprofessor Adolf Köberle, der, anders als viele seiner Zunftgenossen, auch verfehmte Aspekte als Aspekte der Wahrheit zu erkennen vermag, in seinem Beitrag zum Jahrbuch für Symbolforschung „Symbolon" von 1962: „Wer das magische Weltbild erfassen will, muß sich vor allem für zwei Grundwahrheiten öffnen, das ist die Allbeseeltheit und die Allverwandtschaft, die alles geschaffene Leben erfüllt und unter einander verbindet. Beides ist dem Menschen von heute zunächst verschlossen. Jedoch wer das Schrifttum der Romantik kennt, wer bei Oswald Spengler und Leopold Ziegler, bei Edgar Dacqué und Carl Gustav Jung zu Hause ist, der weiß: bei all den Genannten haftet dem Begriff des Magischen keineswegs die abwertende Zensur an ... Die Menschheit hat jahrtausendelang um diese magischen Zusammenhänge gewußt und sich ihrer bedient ... Das Wissen um die Allbeseelung und Allverwandtschaft aller Dinge ist nicht durch das Christentum zerstört worden. Man wird auch nicht behaupten können, daß dieses Wissen etwas Gottloses und Unchristliches sei. Es bezeugt ja gerade die tiefsten Mysterien, die nach dem Willen Gottes des Schöpfers die ganze Schöpfung durchwalten ... Was bedeuten diese Erkenntnisse und Einsichten für das Verständnis des Symbols? Magisches Weltbild und Symboldenken haben das eine miteinander gemeinsam, daß sie sich beide der rationalen Begrifflichkeit entziehen ... Wer aber den magischen Weltaspekt bejaht, der versteht auch die Mächtigkeit der Symbolsprache, und wem der Zugang zu der numinosen Gewalt des Symbols offensteht, der ist gewiß auch niemals ein Gegner der magischen Weltzusammenhänge." Soweit die Ausführungen von Professor Adolf Köberle in seinem Aufsatz „Der magische Weltaspekt."

Das Symbol ist, das ergibt sich aus dieser Anschauung, mehr als ein bloßes Zeichen, das gewiß „Zeichen gibt", das aufmerksam macht, auffordert, warnt, verbietet, denn das Symbol ist darüber hinaus „geladen". In ihm wirken unsichtbar-sichtbare Kräfte, die das bewirken, was es äußerlich darstellt. Dies aber besagt, „daß das Symbol eine ihm innewohnende Macht hat, die es von dem bloßen ohnmächtigen Zeichen unterscheidet. Das Zeichen ist willkürlich austauschbar. Es hat keine Notwendigkeit, weil es keine innere Macht hat. Das Symbol aber hat Notwendigkeit. Es kann nicht ausgetauscht werden. Es kann nur verschwinden durch Verlust seiner innern Mächtigkeit, durch Symbolzerfall. Es kann nicht erfunden, sondern nur geschaffen werden. Worte und Schriftzeichen hatten ursprünglich Symbolcharakter. Sie trugen den Sinn, den sie meinten, in unverfälschter Selbstmächtigkeit. Im Laufe der Entwicklung, durch den Übergang der mythischen zur gegenständlich-technischen Weltauffassung, verloren sie den Symbolcharakter, wenn auch nicht völlig. Mit dem Verlust der Selbstmächtigkeit wurden sie zu (bloßen) Zeichen. Die Bildsymbole der religiösen Kunst hatten ursprünglich eine magische Kraftgeladenheit, mit deren Verlust sie zu einer konventionellen Zeichensprache wurden und den echten Symbolcharakter fast einbüßten" (P. Tillich).

Das Symbol hat in erster Linie mit dem Bild zu tun, wenn auch die gesamte Sinnenwelt sich in Symbolen auszuprägen vermag – so der Bereich der Farben und Klänge. Aber das Urbild, das in jedem Menschen lebt und wirkt, das Urlicht, das uns die Welt zeigt und jeden Menschen erleuchtet, der in diese Welt kommt, wird als Abbild – das wir schlechthin Bild nennen – durch die Kunst des Menschen sichtbar gemacht. Darum ist jedes Bild Nachbildung des Urbildes. Bildwerdung im Symbol ist darum gleichsam das Hervortreten der im Unsichtbaren wirkenden Geistmacht in die Sichtbarkeit – ein geheimnisvoller Vorgang, in dem sich Geistiges mit Sinnlichem zu einer Gestalt verbindet. Von jenem numinosen Prozeß, in dem das Urbild dem Auge durch das Symbol sinnlich-bildhaft erscheint, hat die Sprache, so z. B. das Altsächsische, eine Spur bewahrt: dort bezeichnet bilidi das Wunder, das Zeichen der Gottheit, auch die numinose Kraft der Reliquien. Im Altirischen deutet die Wurzel von Bild die gleiche Kraft auf. Ebenso bedeutet althochdeutsch bilidin das Wesen einer Erscheinung, denn auch hier weist die Wurzel bil auf numinose Kraftgeladenheit. Die Bildwerdung im Symbol wird demnach in jener noch bis in die Tiefe des Lebens reichenden Erfahrung der Menschheit, aus der die Sprache und ihre Weisheit hervorgegangen sind, als ein mit numinoser Wirkkraft geladener Vorgang verstanden, das will sagen: als eine magische Schöpfung.

Aus all diesen Zusammenhängen erweist die Sprache den Tiefsinn des Wortes Bild als von größter Bedeutung für die Menschwerdung, die durch das Medium der Sprache Ereignis wird. Die im Dienst der Symbolwerdung stehenden Bilder sind darum das wichtigste Mittel der Menschenbildung, das heißt der Bewußtwerdung des höheren, des ewigen Menschen im sinnenhaften Dasein. Eine tiefreichende Anweisung zum symbolischen Sehen von Welt und Mensch ist in Gleichnissen Jesu enthalten. Es gibt für Jesus nichts in dieser Schöpfung, das ihm nicht zum Symbol unvergänglicher Wirklichkeit wird: seien es die Blumen auf dem Felde, das Öl in der Lampe, die Liebeskraft des Menschen, die Fische im Wasser, der Berg über dem Tale, das Licht, das in die Dunkelheit scheint. Für Jesus wird die gesamte Schöpfung zum Spiegel der sinnlichen und geistigen Wirklichkeit, das will sagen zu Symbolen. Ihm eignet ein magisches Verständnis der Wirklichkeit und deren Hintergrundphänomene. Er weiß, daß Oben und Unten, Ferne und Nähe auf eine magische Weise verbunden sind. Er ist damit der Herr der Symbole, durch die er Kunde gibt vom Heil, vom Unheil und von der ewigen Welt.

Symbole sind jedenfalls mit magischer Kraft geladene Gebilde, durch welche ewiger Sinn den Sinnen und dem Geiste vermittelt wird. Freilich ist es vielleicht notwendig festzustellen, daß es sich bei dieser „Magie" um göttliche Magie handelt, die nichts gemein hat mit niedriger Magie.

DAS SYMBOL ALLER SYMBOLE

Auch wenn heute infolge des Vordringens des abstrakten, d.h. eines vom Leben „abgezogenen" Denkens, das nicht immer mit Berechtigung das „wissenschaftliche" genannt wird, viele einst wirkkräftige Symbole und deren Zeichen dem Bewußtsein der gegenwärtigen Geschlechter entschwunden sind oder es jedenfalls nicht mehr prägen, so verbleiben dennoch die in Jahrtausenden zur Gestalt herangereiften Symbole, wenn auch im Zustand der Latenz, im Unbewußten gegenwärtig. Und aus dem Unbewußten wirken sie noch immer auf Vorstellung und Gestaltung. Oder aber aus dem Schuttberge der vielen Symbole, welche den Weg der Bewußtwerdung und der Erfahrung des Menschen säumen, erheben sich strahlend und unverwelklich einige der unsterblichen Symbole, die wir darum mit Recht „Ursymbole“ nennen dürfen. (Siehe unter „Ursymbole“ im Bildteil). Sie wirken durch alle Jahrtausende hindurch in steter Wandlung und doch im Wesen immer sich selber gleich fort.

Das älteste der Symbole der Menschheit, das in allen Kulturen und Religionen aufscheint und das in wechselnder Dichte und Gestaltung als die Grundaussage erfahren wurde und noch immer erfahren wird, ist das Kreuz. Schon in den alt- und jungsteinzeitlichen Höhlen, vor allem in den dunklen Kulthöhlen, welche die Einweihungsbilder der alten Menschheit als Wandmalereien oder -graphitos enthielten, findet sich in großer Häufigkeit das Kreuz als Heilszeichen – seit jenen alten Zeiten hat es nie aufgehört, als ein solches wirksam zu sein.

In zwei Gestaltweisen findet es sich in diesen Höhlen und seitdem während des Kulturwandels in den Jahrtausenden: als Kreuz im Kreis, dem Sonnenrad mit seinen vier Wendepunkten, wie auch als gleichschenkliges Kreuz ohne Radkranz. Beide besagen ähnliches, sie sind Differenzierungen des Urphänomens des Lebens: Symbole des Heils, des Lichts (der Sonne), der Wärme, der Liebe, der Ganzheit und Einheit aller Teilphänomene des Lebens, der wärmeerzeugenden Lebensbewegung. Gewiß zeigt sich diese im Kreuzsymbol in doppelter Richtung – aufsteigend und absteigend. Aufsteigend weist sie auf die Morgenröte, auf das kommende Licht, absteigend auf die Abendröte, auf die Minderung des Lichtes, das freilich, dies bezeugt das Kreisen des Kreuzsymbols, niemals erlöschen kann, weil es das Symbol Gottes, des Lichtes ohne Abend, anzeigt. Eben darum kann das Kreuz nie nur ein Zeichen des Leidens sein – es ist vielmehr ein Symbol des beständigen, sich unaufhörlich erneuernden Lebens, wie das Zeichen eindeutig anzeigt. Dies ist auch der Grund, warum das Kreuzsymbol sich primär nicht auf das Kreuz von Golgatha beziehen kann. Tatsächlich ist das Kreuzsymbol auch gar kein ursprünglich christliches – es stammt aus dem großen Symbolvorrat der Menschheit und wurde aus diesem als Ausdruck der Lichtsymbolik der Gestalt und des Wirkens Christi übernommen. Theologiegeschichtliche Forschung hat erwiesen, daß das Kreuz, das der ältesten Christenheit nicht bekannt war und darum auch in den Malereien der Katakomben nicht vorkommt, in den Evangelien als Zeichen der Parusie, der Wiederkehr Christi, verstanden wurde: als das Zeichen des Menschensohnes, das in den Wolken des Himmels, allen Menschen sichtbar, als Kreuz im Sonnenrad aufleuchtet, bevor der Herr selber erscheint. Erst etwa von dem 5. Jahrhundert an beginnt die Entfaltung einer ganz anderen, auf die Passion von Golgatha bezogenen großen Kreuztheologie in Wort und Bild, in deren Folge das Kreuzsymbol zum zentralen Glaubenssymbol während fast 2000 Jahren geworden ist. Doch wegen seiner Herkunft aus der alten Geistesgeschichte der Menschheit hat auch das christliche Kreuzsymbol nicht nur konfessionelle, sondern darüber hinaus universale Bedeutung. Und es erweist sich dadurch, daß das Christentum die universale Glaubenshaltung schlechthin ist. Darum läßt sich sagen: „Zeige mir, welches Symbol deine Geisteshaltung bestimmt, so will ich dir sagen, was du glaubst und bekennst." Der Christ aber bekennt sich durch die Zuwendung zum Kreuzsymbol im höchsten Sinne und intensiv zum Leben, zur Fülle des nie endenden sinnlich-geistigen, sich durch den Opferwillen der Gottheit immer erneuenden Lebens. Darum war dem Christ der ersten Jahrhunderte das Kreuzzeichen so lieb. Er bezeichnete sein ganzes Dasein damit, seine Nahrung, seine Kleidung, seine Kinder und sich selber. Denn er schloß damit sich selber und seinen lebendigen und toten Besitz an die Zentralkraft des Lebens, die da ist Gott selber an.

Es ist darum sowohl im vorchristlichen wie im christlichen Verständnis das Kreuz „ein und alles", nämlich die Zusammenfassung aller einander sonst widerstrebenden Teile des Lebensprozesses. Darum ist das Kreuzsymbol wahrhaft das Zeichen der Erlösung, in welchem sich all das eint, was sonst im sinnenhaften Leben schmerzlich unvereinbar erfahren wird. Insofern ist das Kreuzsymbol das „Symbol aller Symbole" – weil es nicht nur das älteste ist, auf welches sich alle anderen oder späteren zurückführen lassen, sondern weil sich alle Symbole dem Sinn und der Gestalt nach an diesem einen messen lassen.

Als ein merkwürdiges Phänomen ist hierbei festzustellen: das einfache, nur aus zwei Strichen oder Richtungen bestehende Kreuzzeichen ist fast unendlich variierbar. Es gibt zahllose Formen des Kreuzes, die alle dadurch gekennzeichnet sind, daß eine jede die Grundgestalt wahrt und sie dennoch wieder unvergleichlich anders ausformt. Eine kleine Auswahl legen wir im folgenden vor – wir entnehmen sie der Monographie von Alfons Rosenberg „Kreuzmeditation" (Kösel Verlag) samt den sie aufschlüsselnden Bezeichnungen. Die Zeichen dieser Auswahl stammen aus den verschiedensten Jahrtausenden, von der Frühzeit bis fast zur Gegenwart.

Symbolik des Hakenkreuzes

Das gleicharmige Urkreuz ist die Matrix verschiedenartiger Kreuzformen, die im Laufe des langen Prozesses der Bewußtwerdung der Menschheit und der Ausfaltung ihrer geistigen Kräfte allmählich zur Gestalt gediehen. Dieser Prozeß dauert, wenn auch gemindert, bis zum heutigen Tage an. Einer der bekanntesten und allerdings

Einige von vielen Kreuzzeichen

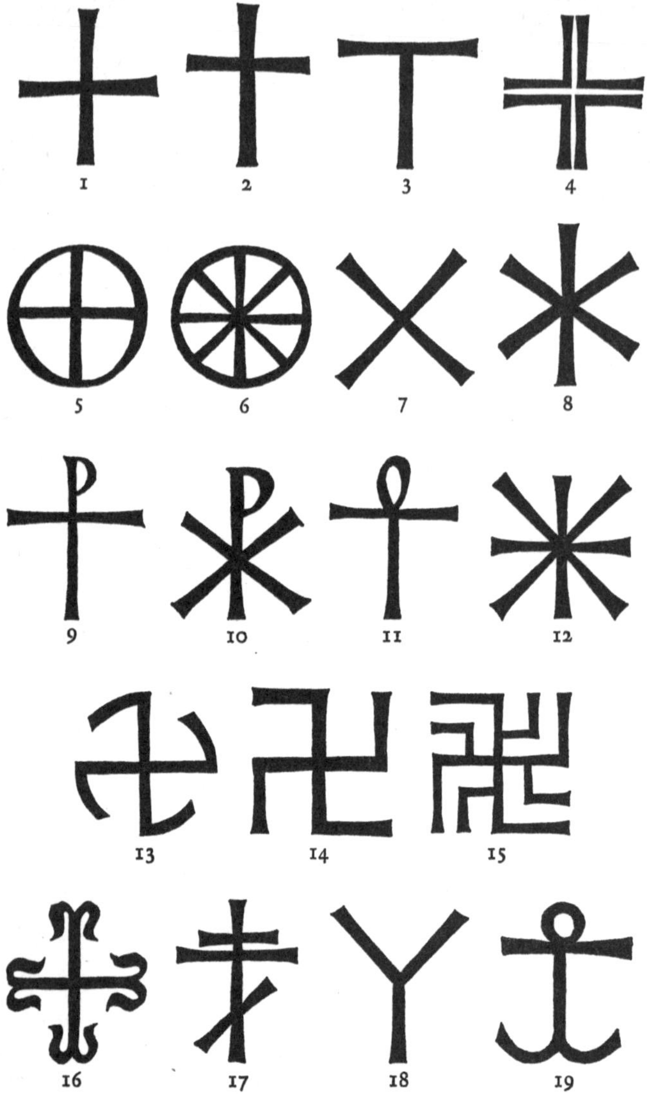

1 gleichseitiges Urkreuz, Crux immissa quadrata

2 lateinisches Kreuz, Crux ordinaria, mit verlängertem vertikalen Balken

3 Tau-Kreuz, Crux commissa

4 das aus vier freien Winkeln gebildete Gamma-Kreuz

5 Sonnenrad, in einfacher Form

6 Sonnenrad, zugleich Monogramm Christi aus I-Jesus, X-Christus

7 Andreas-Kreuz, Crux decussata, Grenzkreuz der Römer

8 Monogramm Christi

9 ägyptisches Henkelkreuz, Hieroglyphe für Leben

10 Christusmonogramm, aufgehende Sonne über dem Horizont

11 Sonnenzeichen und Christusmonogramm

12 Christusmonogramm, zugleich Doppelkreuz

13 rechtsläufiges Hakenkreuz mit runden Balken

14 rechtsläufiges Hakenkreuz mit eckigen Haken

15 erweitertes Hakenkreuz

16 Lilien- oder Ankerkreuz

17 Kreuz der orthodoxen Kirche mit dem schrägen Fußhaken

18 Gabelkreuz

19 Ankerkreuz, das Tau-Kreuz enthaltend

jüngsten Abkömmlinge des Urkreuzes ist das Hakenkreuz. Es hat erst im 4. Jahrtausend v. Chr. seinen Wanderweg um den Erdkreis und durch die Kulturen angetreten. Es tauchte nämlich erst zu Beginn der Hochkulturen im Schatz der Kreuzsymbolik auf. Und dies besagt, daß wohl seine Gestalt, sein Rhythmus und sein Symbolgehalt jener Kulturphase, in der es wirksam wurde, entsprach – nämlich jener Zeit der gesteigerten Dynamik, welche die Menschheit dazu drängte und instand setzte, nach Jahrtausenden der Latenz und Vorbereitung eine Kulturschwelle von ungeheurem Ausmaß zu überschreiten. Denn alle Zeichen korrespondieren mit dem geistiggeschichtlichen Prozeß, in dessen Verlauf sie ausgebildet wurden. Dies ist der Grund, warum das Hakenkreuz in Entsprechung steht zu dem Vorgang jener Menschheitsrevolution vor etwa 6000 Jahren: dem Überschritt vom Jäger- und Nomadendasein zu dem des seßhaften Ackerbauers. In den großen Flußtälern siedelten damals die Menschen erstmals in Dörfern und Städten, sie errichteten Tempel, schufen den Kult der Götter und die ihnen dienende Priesterschaft, legten Wege an und erfanden die Schrift. Was sich in Jahrhunderttausenden vorbereitet hatte, brach damals wie ein schöpferischer Lavastrom hervor und veränderte das Angesicht der Erde.

Seit dem vierten Jahrtausend bis zur Gegenwart hat das Hakenkreuz bald verdeckt, bald offen die Entwicklung des Menschen begleitet. Das Hakenkreuz ist ein Sinnzeichen für eine wie durch Feuerkraft angetriebene Bewegung, für das unaufhörliche Rotieren der feurigen Ursubstanz, die unaufhörliche Gestaltung und Umgestaltung bewirkt. Wer sich mit dem Hakenkreuz und der in diesem kristallisierten Kraft einläßt, wird wider Willen in Bewegung gesetzt werden – sei es zur lichten Höhe, sei es zum Abgrund hin. Entsprechend seinem Sinn und seiner Dynamis rotiert das Hakenkreuz der Sonne gleich, die, wenigstens für unser Auge und unser Erleben, keinen Stillstand kennt, sondern unaufhörlich kreist – vom Horizont zur Himmelshöhe, unter diesem zur mythischen „Nachtmeerfahrt" des Lichtes, wie die alten Völker den Untergang der Sonne deuteten.

Dem Hakenkreuz liegt das Urkreuz zugrunde. Es unterscheidet sich aber von diesem durch die „Haken", welche an den Enden des gleicharmigen Kreuzes angesetzt werden. Diese Haken können mit ihren Spitzen entweder nach links oder nach rechts weisen – dementsprechend wird das Hakenkreuz rechts- oder linksläufig genannt, weil es sich optisch nach der einen oder anderen Richtung zu „drehen" scheint. Diese zweifache Möglichkeit der Richtungsweisung entspricht dem Doppellauf des Lebens: dem Auf- und Untergang der Sonne, dem Werden und Vergehen aller Gestalten, der Verschlungenheit von Leben und Tod, dem Wechsel von Tag und Nacht, von Aktion und Passion, von Erleuchtung und Verfinsterung, von Liebe und Gerechtigkeit. Insofern steht das Hakenkreuz seinem innern Sinn nach in der Nähe der Doppelspirale, die das Ein- und Ausrollen des Lebensprozesses anzeigt, den Atemrhythmus des Universums. Auf den Denkmälern und in den Zeugnissen der Vergangenheit erscheinen Hakenkreuze in verschiedener Anzahl. Meist wird ein einziges dargestellt, als Signum oder Stempel, als gleichsam dogmatische Aussage über das Heil, den Verlauf des Lebensprozesses, als „Stern, der voranzieht". Doch werden, wie z.B. auf der Brust von Buddhastatuen, zuweilen zwei gegenläufige Hakenkreuze paarweise angebracht, wahrscheinlich als Ausdruck der buddhistischen Lehre von der Aufhebung und Vernichtung der Gegensätze und deren Einschmelzung in das „Nichts", das buddhistische Heilsziel. Aber auch Häufungen von Hakenkreuzen sind sowohl im Altertum wie in christlicher Zeit festzustellen – im Altertum, wenn sie als fortlaufender Mäanderfries geordnet sind, in christlicher Zeit auf liturgischen Gewändern oder auf Bischof-Stolen oder auf Fresken, wie z. B. an den Wänden von St. Pierre-de-Clages (Wallis) aus dem 14. Jahrhundert.

Eine bedeutungsvolle Abwandlung des Hakenkreuzes ist das Flammenrad, das entsteht, wenn die vier Kreuzbalken nicht mehr gradlinig und rechteckig, sondern vom Mittelpunkt aus sichelförmig geschwungen sind. Dann sind die bisher rechteckig angesetzten „Haken" ebenfalls sichelförmig geformt – sie bilden mit den geschwungenen Kreuzbalken zusammen Flammenlinien. Dann rollt optisch dies Flammenrad feuersprühend durch den Raum in bis zum Höchstmaß gesteigerter Dynamik. Dieser Eindruck wird wesentlich verstärkt, wenn die Flammenlinien des Hakenkreuzes verdoppelt werden, so daß die Gestalt eines Wirbels entsteht. Der Sinn desselben steht im entschiedenen Gegensatz zur buddhistischen Heilslehre, die das Leben als ein Übel verneint und es aufzuheben lehrt. Das Flammenwirbel-Hakenkreuz jedoch ist gleichsam eine Preisung unendlicher Schöpferkraft, göttlicher Zeugung immer neuer Gestalten und Wesen, der Wandlung und Umwandlung der gesamten Schöpfung. Im Wirbel des göttlichen Schöpfungsprozesses werden, so zeigt es das Hakenkreuz, immer neue Gestalten in das Weltall geschleudert. Das Urkreuz repräsentiert die unveränderbare „heilige Ordnung wie im Himmel so auf Erden". Das Wirbel-Hakenkreuz ist jedoch durch seine zeugende Unruhe der äußerste Gegensatz zu dessen hoheitsvoller Ruhe.

Dieser Gegensatz zeigt an, daß in der Kreuzsymbolik die Fülle aller polar gespannten Gegensätze enthalten ist. Weil das Hakenkreuz, gemessen an der Menschheitsgeschichte, erst „spät" entstanden ist, lassen sich seine Wanderwege rings um den Erdball anschaulich verfolgen. In Europa scheint das Zentrum der Hakenkreuzsymbolik im Bereich von Böhmen und Siebenbürgen gelegen zu sein, und zwar in der Zeit der Bandkeramik des dritten Jahrtausends. Von da aus wanderte es in den unteren Donauraum und in die Tiefenschicht von Troja, wo eine Reihe weiblicher Idole mit dem Hakenkreuz gefunden wurden. Denn für den steinzeitlichen Ackerbauer war das Hakenkreuz nicht nur ein Zeichen der Sonne, sondern auch der Fruchtbarkeit. Darum kann eine weibliche mit dem Hakenkreuz versehene Gestalt nichts anderes bedeuten als die lebenspendende Muttergöttin. Am Ende des zweiten Jahrtausends v. Chr. lernten die Germanen und die Kelten das Heilszeichen kennen – zur gleichen Zeit taucht es in Sumer, im Zweistromland und in Mykene auf, wo es den goldenen Totenmasken der Helden, als Lebenszeichen eingeprägt war. Hohe Bedeutung erlangte es im dritten und zweiten Jahrtausend v. Chr. in der kretischen Kultur, wo es eine Verbindung mit dem Mäander- und Labyrinth-Ornament einging. Es wurde dadurch der auf Kreta infolge seiner insularen Lage typischen Wasserornamentik und -symbolik angeglichen, was zu einer Fülle der Gestaltwandlungen des Hakenkreuzes geführt hat. Zwar taucht das Zeichen im zweiten Jahrtausend auch in Ägypten, vor allem in Oberägypten auf. Doch wurde es, wahrscheinlich Import aus Kreta, in Ägypten nie heimisch. Es verschwand auch allmählich wieder aus der ägyptischen Hieroglyphik. Erst seit dem Beginn des ersten Jahrtausends v. Chr. begann es sich im alten Griechenland, in Unteritalien und bei den Etruskern, die es wahrscheinlich aus Kleinasien mitbrachten, zu verbreiten.

Nach Indien kam das Hakenkreuz als Import aus dem Westen. Möglicherweise ist es durch den Alexanderzug nach Indien gelangt, etwa im 5. Jahrhundert v. Chr., wo es durch den Hinduismus und den Buddhismus verbreitet wurde als das große Glückszeichen. Durch die Missionstätigkeit des Buddhismus gelangte es um die Zeitwende nach China. Dort wurde es der Zahl 10000 gleichgesetzt, welche Fülle, langes Leben und Wiedergeburt symbolisiert. Und schließlich wurde das „Hakenkreuz im Kreis“ zu einem Zeichen der chinesischen Schrift. Die Kaiserin Wu bestimmte durch ein Edikt im 7. Jahrhundert n. Chr. das „Hakenkreuz im Kreis“ als Schriftzeichen für Sonne. Doch schon Jahrzehnte zuvor hatte Kaiser Tai Tsung verboten, das Hakenkreuz zu Ornamenten für Textilien zu gebrauchen. Er hoffte dadurch das „heilige Zeichen“ vor Mißbrauch zu schützen – jedoch vergebens, denn sowohl in China wie in Japan, wo buddhistische Mönche das Zeichen bekannt machten, entwickelte sich eine überaus reiche Hakenkreuz-Ornamentik.

Auf den beiden amerikanischen Kontinenten war das Hakenkreuz schon in vorkolumbanischer Zeit bekannt, jedoch ist wahrscheinlich, daß es doch von den indianischen Völkern vom Westen her übernommen wurde, sei es durch deren Völkerwanderung im Norden über die Beringstraße oder wahrscheinlicher durch jene von China aus über die malaiische Inselkette. Jedenfalls war das Hakenkreuz ein Element des aztekischen Hieroglyphenschatzes, innerhalb dessen das gleicharmige Kreuz im Kreise als das Zeichen für Sonne und Tag und das sichelförmig geschwungene Hakenkreuz als dasjenige für Jahr galt. Hingegen bedeutete die Vereinigung von Hakenkreuz und Sonnenscheibe den Jahreslauf. Jedenfalls galt das Hakenkreuz bei den Indianern Neu-Mexikos und Arizonas einst als Zeichen der Sonnenreligion.

Auch in den christlichen Symbolschatz ist das Hakenkreuz aufgenommen worden, allerdings erst zwei Jahrhunderte nachdem sich das ursprünglich heidnische, d. h. gesamtmenschliche gleicharmige Kreuz, als ein christliches Zeichen durchgesetzt hatte. Denn in den römischen Katakomben kommen beide Heilszeichen gar nicht oder erst sehr spät vor. Dort waren seit dem Beginn des zweiten Jahrhunderts als Sinnbild des Glaubens der Anker, die Taube, der Ölzweig und das Christogramm vorherrschend. Von den Kreuzformen erschien dort zuerst das Tau-Kreuz (das wohl auch das historische der Kreuzigung Christi war) und schließlich am Ende des zweiten Jahrhunderts in beschränkter Anzahl das gleicharmige Kreuz. Erst Jahrhunderte später findet sich auch das Hakenkreuz, ohne aber jemals zu dominieren. Erst im dritten und vierten Jahrhundert wurde es sodann ein Teil des christlichen Symbolkreises und tauchte dann mehr und mehr in den Kirchen des Westens und Ostens auf, so z.B. in der Hagia Sophia zu Konstantinopel, in S. Apollinare Nuovo zu Ravenna, in S. Ambrogio zu Mailand, auf liturgischen Gewändern und Geräten und auf den sogenannten Hungertüchern des Mittelalters, ja sogar auf bischöflichen Münzen, so z.B. der Bistümer Mainz und Halberstadt. Stets handelt es sich bei solchen Hakenkreuzen um Zeichen des Glaubens, insbesondere der Hoffnung auf die Wiederkunft Christi.

Eine andere christliche Deutung: wie das lebenspendende Feuerrad belebt die Sonne Christi als das erhellende, wärmende und zeugende Licht Leib und Seele des Menschen. („Das Licht scheint in der Finsternis.") Durch solche und ähnliche Deutungen wurde das jahrtausendealte Hakenkreuz in den Dienst der christlichen Verkündigung und Hoffnung gestellt.

Wie schon angedeutet wurde im Laufe der Jahrtausende das Hakenkreuz in erstaunlich vielfältiger Weise abgewandelt. Wahrscheinlich ist das „liegende Hakenkreuz" seine älteste Form: der unterste Haken ruht auf einer imaginären Unterlage horizontal auf, wobei die Spitze des Hakens nach links oder nach rechts gerichtet sein kann. Der Drehcharakter des Zeichens tritt aber deutlich erst dann in Erscheinung, wenn das Hakenkreuz auf die Spitze gestellt ist. Dann wirkt es wie in der Luft schwebend, den Untergrund nur in einem Punkte berührend. Durch die sichelförmige Biegung der Kreuzbalken und der sie fortsetzenden „Haken", die Vorform des Flammenrades, wird der Aspekt der Rotierung intensiviert. Zum Wirbel- und Feuerrad wird das Sichelhakenkreuz jedoch erst durch die Verdoppelung der Balken. Auch die Haken können vermehrt werden, entweder so daß am Balken z. B. drei parallel angeordnete Haken angebracht werden, oder daß von jedem Haken nochmals im rechten Winkel ein kleinerer Haken wegstrebt. Durch die Vermehrung von Balken und Haken sowie die Richtungsänderung der angesetzten Teile entstehen mäander- oder labyrinthartige Gebilde, die anzeigen, wie sich Leben und Tod ineinander verschlingen oder auseinander hervorgehen. Kurzum, es ist der Variationen kein Ende – und die Möglichkeiten der Umgestaltung sind so groß, daß gleichsam ein jeder sich seine eigne Hakenkreuzform als zu meditierendes Mantra zu bilden vermöchte.

Symbolik der Farben

SYMBOLE DES LICHTES

Die sichtbare Schöpfung ist, als Verleiblichung des Geistes, eine Schöpfung im Licht. Durch das Licht und in den Kraftfeldern des Lichtes bildet sich die Vielfalt der Gestalten. Doch so vielfältig und gegensätzätzlich sie auch sein mögen, durch das Licht, aus dem sie hervorgegangen sind, bleiben sie vereint. Das Licht aber wird sowohl in der Heiligen Schrift wie in der religiösen Symbolik der Völker entweder als Sinnbild oder als Ausglanz Gottes verstanden. Gott ist in den Mantel des ungeteilten Lichtes gehüllt, den kein Geschöpf zu durchdringen vermag.

Aber dies der Gottheit so nahe Licht (so nah, daß diese selber zuweilen als weißes Licht symbolisiert wird) ist jedoch, wenn auch als Erstling, geschaffen. Nach dem Schöpfungsbericht der Bibel geht die Erschaffung des Urlichtes, zugleich die tönende Aura oder Gottheit, jeglicher Gestaltwerdung voraus. Der Schöpfer erschuf „im Anfang" die Welt als einen Kosmos aus Lichtäther, in welchem bereits die Keime und Impulse aller kommenden Welten und Gestalten enthalten waren. Aus dieser Welt des noch ungeteilten Lichtes (und des noch nicht in Töne geteilten, die Lichtwelt durchschwingenden Urklangs), aus dem noch ungehemmt brausenden Lichtstrom, traten im Prozeß der Gestaltwerdung als erstes die Quellflüsse der Farben hervor. In ihnen teilte sich das uranfängliche Licht in Gegensätze, Paarheiten und Vielheiten. Diese Urfarben (zugleich Urklänge, denn Farbe und Ton sind in der Wurzel eins) differenzierten, teilten und mischten sich im Fortschreiten des Schöpfungsprozesses. So ging aus Licht, aus Farben und Klängen die schöngestaltete, farbige und klingende Welt hervor.

Die Farben sind aber nicht nur die Kinder, sondern auch die Boten des Lichtes, in den Farben entäußert sich das Licht, um bei den Menschen zu wohnen, um die Dinge nicht nur äußerlich zu färben, sondern um den Menschen zu „stimmen", ihn umzustimmen. In den Farben vermag der Mensch seinerseits dem Lichte zu begegnen, ohne von ihm geblendet zu werden. Denn niemand kann das ungeteilte Licht sehen und leben. Aber in den Farben ist die für den Menschen tödliche Urkraft des Lichtes ins Erträgliche gemindert. Denn wenn das Licht eingeht in die Erdatmosphäre und sich dadurch seiner gottnahen Herrlichkeit entäußert, wird es durch Wasserdunst und Staub prismatisch gebrochen, (was zugleich bedeutet verdunkelt). So entsteht das Farbenspiel der sublunaren Schöpfung. Goethe, der Erstling einer geistigen Naturbetrachtung im Überschritt von der Neuzeit zur Postmoderne, nennt darum die Farben zutreffend die Leiden und Taten des Lichtes. Denn indem dieses durch die trübenden Medien der Erdatmosphäre in Farben zerteilt wird, erfährt es seine Passion. Zugleich aber wird es in vielfacher Weise tätig, dadurch, daß es sich als Farbe mit allen Formen und Erscheinungen innig verbindet.

Erst durch die Farben, welche alle Teile der Schöpfung umkleiden und dadurch an und mit ihnen tätig werden, wird das Wesen aller Gestalten sichtbar. Denn das Farbkleid der Geschöpfe ist nicht ein diesen willkürlich Hinzugefügtes. Die Farbe ist vielmehr (auch wenn sie unter anderm den Zwecken des Lebensprozesses dient) reinster Ausdruck der Innerlichkeit. Die Farbe offenbart die Signatur jedes Wesens und dessen Stellenwert in der urtümlichen Lichtwelt. Denn die Farben der Sinnenwelt haben zugleich ihren unvergänglichen Ort im Kosmos des Urlichtes, aus dem sie stammen. Dies aber bedeutet, daß die Farbe gleichsam ein Engel ist – Bote des Lichtes, der allzeit im Lichte steht und dieses, wenn auch farbig gebrochen und gemindert, zur Erde, zum Menschen leitet. In Farbe und Klang transzendiert die Sinnenwelt.

Wenn aber der Kreis der Farben nicht willkürlich, sondern aus strenger Gesetzmäßigkeit gefügt ist, offenbart sich in ihnen das Ordnungsgefüge der Schöpfung. Denn die Farben sind, wie dies Kepler analog für die Klänge dargetan hat, die Träger und Ausdruckskräfte der Weltharmonien. In den Klängen werden die Rhythmen der „harmonices mundi" hörbar, in den Farben werden sie schaubar. Harmonie ist jedoch Einklang der Gegensätze, ihr Zusammenklang als Symphonie. Weltharmonie ist darüber hinaus die Darstellung und Realisation der Schönheit. Die Welt ist nach dem Schöpfungsbericht der Bibel gut, das aber bedeutet „schön" geschaffen. Denn die Welt wurde nach dem Bild der Urschönheit gestaltet, weil „die lebendige Schönheit, das göttliche und das ewige Leben, sie, das Leben selbst, das Gott ist, ihre Herrlichkeit, welche die Form aller Schönheit ist, offenbaren wollte ... darum erschuf Er die Welt" (Nikolaus von Cusa). Da aber die Welt durch Schönheit, die Gott selber ist, erschaffen ist, stehen auch alle ihre Teile zueinander im Verhältnis der Harmonie als Ausdruck „lebendiger Schönheit." In der sinnenhaften Schönheit des Universums glänzt die ewige Schönheit auf. Denn „alles, was ist, ist das Werk der absoluten Schönheit, nach der Ähnlichkeit mit ihr geformt" (Nikolaus von Cusa).

Doch die lebendige Schönheit, welche der Welt Gestalt und Farbe verleiht und durch diese auf den Menschen bildend wirkt, ist keineswegs statisch, ihr eignet

Kraft – sie bewegt, verändert und führt Getrenntes zusammen, sie verbindet nicht nur Geschöpf mit Geschöpf, sondern dieses auch mit Gott. Wenn darum Platon das Wahre und Gute mit dem Schönen als Dreiklang erkennt, so bezeugt er damit, daß es ohne die Schönheit kein genugsames Erkennen des Wahren und kein gültiges Gutsein im Handeln geben kann.

Klang und Farbe sind die reinsten Erscheinungsweisen der ewigen Schönheit im Sinnlichen. Aber sie vermöchten den Menschen nicht zu erregen und bewegen, wenn er nicht mit Organen ausgestattet wäre, um ihre Schwingungen, ihre Botschaft zu vernehmen. Der Mensch ist aber auf die Wahrnehmung der ewigen Schönheit hin entworfen – sein Ohr ist Organ des sich in den Tönen ausfaltenden Urklanges, sein Auge Organ des sich in den Farben ausbreitenden Lichtes. Goethe faßt diese Bezogenheit in die Worte: „Wär nicht das Auge sonnenhaft, wie könnt die Sonne es erblicken!" Gewiß ist die ganze Erde und sind die auf ihr lebenden Geschöpfe in eine schimmernde Farbhaut gehüllt. Aber die großen, allen Menschen gleicherweise zugänglichen Schauspiele der Farbe sind am Himmel wahrzunehmen. Die Farbigkeit des Himmels ist das Vorbild aller Farbigkeit auf Erden: die saphirhafte Himmelsbläue, die flammende Morgen- und Abendröte, die goldene Mittagsglut, die blaugrüne und violette Dämmerung. Diese über den Tageslauf und die Jahreszeiten verstreuten Farben des Himmels sind jedoch in einem kosmischen „Zeichen am Himmel" zu einem konzentrierten Farbphänomen zusammengefaßt: im Regenbogen, der die „sieben Boten des Lichtes" in einem erdüberwölbenden Halbkreis bündelt. In dem Farbenspiel des Regenbogens fächert sich das Licht prismatisch in reinster Schönheit auf. Schon früh wurde der Regenbogen als Epiphanie und Ausfaltung der Urschönheit, als ein göttliches Zeichen verstanden. Insbesondere deutet die Heilige Schrift den „Bogen in den Wolken“ (1. Mose 9,13) als Symbol des Bundes Gottes mit der Menschheit, als ein Zeichen des Friedens und der Allversöhnung. In jedem Bunde schließen sich Ungleichartige, so z. B. Mann und Frau, Freund und Freund, Volk und Volk zu einer lebensmäßigen Einheit zusammen. Im Regenbogen, der nach dem biblischen Bericht den Bund Gottes mit Noah besiegelte und durch den Gott die kosmische Ordnung als bleibend bestätigte, verbinden sich so Ungleichartige wie Schöpfer und Geschöpf zur Einheit des Zusammenwirkens. Gott besiegelt mit dem Zeichen des „Bogens in den Wolken“, das will sagen, durch die unverbrüchliche Ordnung seiner Farben, daß er diese Schöpfung, als Lebensraum des Menschen, trotz aller möglichen Katastrophen bewahren werde und daß trotz aller Spannungen und Kriege, im Kosmos wie im Menschenreich, das Ziel des Daseins Versöhnung und Friede bleiben soll. In solcher Sinngebung sind die sieben im Wolkenbogen gebündelten Farben als Boten der Liebe und Weisheit Gottes an den Menschen geschaut.

Wo immer in den Berichten und Geschichten der Heiligen Schrift das Bild des Regenbogens auftaucht, handelt es sich um Symbolisierung göttlicher Botschaft. So schaut z. B. der Seher Johannes auf Patmos einen ungeheuren Engel, „angetan mit einer Wolke, und der Regenbogen war um sein Haupt, und sein Angesicht wie die Sonne, und seine Füße wie Feuersäulen“ (Apokalypse 10,1). Sein rechter Fuß ruht auf dem Meer, sein linker auf dem Land – er umspannt und vereint in diesem gespreizten Stehen die Gegensätze. Ähnliches bedeutet das Regenbogendiadem des „starken Engels“. Er hat dem Johannes durch das Buch, das er in Händen hält, Botschaft vom Himmel mitzuteilen: Gott will mit dem Menschen einen „neuen“, nun nicht mehr nur zeitlichen und kosmischen, sondern einen endzeitlichen und ewigen Bund schließen. Die Regenbogenaura dieses kosmischen Engels symbolisiert darum den kontinuierlichen Bundeswillen Gottes mit einer zwar durch Katastrophen dezimierten, aber dadurch auch gereinigten Menschheit.

Nicht nur die Weisen der alten Völker, sondern auch Künstler der Gegenwart haben erfahren, daß durch die Farben göttliche Wirkkraft, göttlicher Wille in die Welt einstrahlt und daß anderseits die Farben, vom Menschen aus gesehen und gefühlt, die irdische Welt zur göttlichen transzendieren. Davon legt der romantische Maler Philipp Otto Runge Zeugnis ab, wenn er schreibt: „Die Farbe ist die letzte (d.h. geheimste) Kunst und die uns noch immer mystisch ist und bleiben muß ... Es liegt in ihr das ganze Symbol der Dreieinigkeit zum Grunde: Licht, oder weiß, und Finsternis, oder schwarz sind keine Farben; das Licht ist das Gute, und die Finsternis ist das Böse (ich beziehe mich wieder auf die Schöpfung); das Licht können wir nicht begreifen, und die Finsternis sollen wir nicht begreifen, da ist den Menschen die Offenbarung gegeben, und die Farben sind in die Welt gekommen, das ist Blau und Rot und Gelb. Das Licht ist die Sonne, die wir nicht ansehen können, aber wenn sie sich zur Erde oder zum Menschen neigt, wird der Himmel rot. Blau hält uns in einer gewissen Ehrfurcht, das ist der Vater, und Rot ist ordentlich der Mittler zwischen Erde und Himmel: wenn beide verschwinden, so kommt in der Nacht das Feuer, das ist das Gelbe und der Tröster, der uns gesandt wird – auch der Mond ist nur gelb."

Runge unternimmt es, ästhetisch-theologisch die Bedeutung und das Transzendieren der drei Grundfarben blau, rot, gelb durch Beziehung zur göttlichen Dreieinigkeit zu begründen, eine Farbsymbolik, die erst im Umraum des christlichen Glaubens möglich geworden ist. Eine weitaus ältere, weil schon frühgeschichtliche Farbdreiheit, ist schwarz-weiß-rot, Ausdruck des Weltempfindens früher Völker. Noch bis vor wenigen Jahrzehnten bevorzugte ein Überrest solcher Völker, die Polynesier, diese Farbdreiheit zur Bemalung ihrer Geräte und Körper. Selbst die jüdische Überlieferung bewahrt noch die Erinnerung an jene frühgeschichtliche Farbskala. Denn nach einem Targum des jerusalemitischen Talmud zu 1. Mose 2,7 schuf Gott den Menschen in den Farben Schwarz-Weiß-Rot, womit die Dreistufigkeit der menschlichen Natur symbolisiert werden sollte: Schwarz bezeichnet das Fleisch, das von der Erde kommt und wieder dorthin zurückkehrt; Rot meint die Seele und deren Sitz im Roten, im Blute; Weiß vertritt den von oben, aus dem Licht oder der Gottheit stammenden Geist. Eine ähnliche Anschauung findet sich im Märchen von Schneewittchen: die Haut des Mädchens ist weiß wie Schnee, ihre Backen sind rot wie Blut und ihr Haar schwarz wie Ebenholz. Schneewittchen, als Seelengestalt den Menschen in seiner Ganzheit sinnbildend, wird farbsymbolisch durch jene urtümliche Farbdreiheit schwarz-weiß-rot bezeichnet. Denn der frühe Mensch empfand sich drastisch zwischen die machtvolle Urpolarität von Schwarz und Weiß gestellt, zwischen Lebensfülle und Geborgenheit im Licht und verschlingende, tödliche Finsternis. Die Beglückung durch Licht und Tag, die Angst und Bedrohtheit der Nacht finden in diesem Gegensatz lapidaren Ausdruck. Aber selbst in einem Dokument von höchster Geistigkeit, im Prolog des Johannes-Evangeliums, erscheint jene Antithese von Licht und Finsternis, von Weiß und Schwarz als Nachklang archaischer Farbsymbolik. Rot als die dritte Farbe dieses primitiven Dreiklangs symbolisiert Macht und Kraft als Farbe des Blutes, der Leidenschaften, des Krieges und des erhöhten Lebens, der Lust und des Rausches. Rot ist jedenfalls in diesem Zusammenhang das individierte, gestalthafte

Leben zwischen dem gestaltlosen Weiß und dem gestaltvernichtenden Schwarz.

Die Farben Schwarz-Weiß-Rot waren anscheinend für den Frühmenschen besonders bedeutsam als Ausdruck seines In-der-Welt-Seins, seiner Weltangst und seiner Hoffnung auf die numinösen Mächte. Die andern Farben nahm er gewiß auch sinnlich wahr, doch vermerkte er sie nicht in seinem Innern, sie waren für ihn keine Bedeutungsträger. Diese Verhaltensweise ist aber nicht nur für den primitiven Menschen, sondern auch für die Religionen, auch noch für die Hochreligionen, kennzeichnend. Die religiöse Farbsymbolik ist niemals naturalistisch; d.h. die Wissenden um die Zusammenhänge von Welt und Gott, die Priester und Weisen, haben zu allen Zeiten und bis auf den heutigen Tag aus der Fülle der vorgegebenen Möglichkeiten der Farbe immer nur diejenigen Farben gewählt, die ihrer religiösen Erfahrung und Lehre entsprachen. Die Farbsymbolik der Religionen ist geist- und nicht naturbestimmt.

Wenn wir nun hypothetisch eine Urskala von Schwarz-Weiß-Rot für die menschliche Frühzeit annehmen, so ist sie wahrscheinlich zuerst durch das Gelbbraun der Ockererde bereichert worden. Erst später trat das Blauviolett als Farbe der Jenseitigkeit hinzu. Das Grün galt insbesondere bei den alten Ägyptern als Farbe des Gedeihens und der Gesundheit, anderswo aber auch als Totenfarbe. Die blaue Farbe taucht zusammen mit der grünen erst bei den Assyrern und Ägyptern, dann auf Kreta und in Griechenland auf. Allerdings erschien das dunkle Blau den Griechen als schwarz. Hochgeschätzt wurde das tiefe Ultramarin erst in der byzantinischen Kunst, wo es als Hintergrund der spätantiken christlichen Mosaiken die unermeßliche und unbewegte, in sich ruhende ewige Welt repräsentiert. Das Rot, sowohl Lebens- wie Todesfarbe, war sicherlich schon in der älteren

Steinzeit bekannt, gebraucht und geschätzt. Als „Fanfare des Lebens" und intensiver, blutvoller Ausdruck leidenschaftserfüllter Schönheit galt es als die Farbe schlechthin. Da es so erregend und belebend, aber auch aufreizend unter den Farben hervorsticht, wird die Rotsymbolik noch eigens zu behandeln sein.

DIE SYMBOLIK DER FARBEN IM ALTEN TESTAMENT

Es ist angebracht, die Aussagen des Alten Testaments, die eine bestimmte Stufe der Offenbarung und ihre Konkretion in Kult und Volksleben bezeugen, aufmerksam und ernsthaft zu studieren, auch wenn die Zeichen- und Wortsprache der Bibel den heutigen entbilderten Menschen fremd und altertümlich anmuten mag. Als Folge solcher Vertiefung in die Bücher des Alten Testamentes ergibt sich die reiche und eigenartige Farbsymbolik dieser Texte, einer Sprache in Farben, welche das Handeln Gottes und die Antwort der von ihm Angerufenen sinnbildlich mitteilt. Im Neuen Testament, mit Ausnahme der Apokalypse, tritt die Farbsymbolik eher zurück. Der Grund hierfür ist, daß Gott Mensch geworden ist und wie unsereiner unter uns gewandelt ist. Damit wurde die volle Unmittelbarkeit der göttlichen Gegegenwart manifest.

Gewiß hat die Kirche eine allmählich immer reichere und kompliziertere Symbolsprache der Farben entwikkelt. Aber solange der Herr selber auf Erden wandelte, erwies sich jedes Symbol als eher hinderlich für die Verkündigung des Reiches Gottes. Anders verhielt es sich mit den Tradenten der evangelischen Botschaft. Vor allem der Verfasser der Apokalypse des Johannes bedient sich einer Symbolsprache, die jene des Alten Testamentes fortführt und sie allerdings an Reichtum, Farbigkeit und Tiefsinn überbietet.

Dem alten Hebräer, und überhaupt dem antiken Menschen, war die Welt in allen Teilen Gleichnis Gottes. Alle Elemente, Berge und Täler, Fruchtland, Wüste und Meer wurden nicht nur als Teile der Natur, sondern gleichzeitig als Sinnbilder für Gott und für das göttliche Handeln verstanden. Den Hebräern war Gott nicht ferne, sie fühlten und wußten sich überall von Gott umgeben, der aus Feuer und Wasser, Wind und Baum zu den Menschen sprach. Die Welt war ihnen Symbol Gottes – eine Erfahrungsweise des Göttlichen, die noch deutlich im Denken und Imaginieren der frühen Kirchenväter, insbesondere bei Origenes, nachklingt. Aus dieser Welt- und Gottschau waren den Hebräern auch die Farben Symbole Gottes. Freilich gingen sie hierbei keineswegs von den „natürlichen", prismatischen Farben aus, auch waren sie nicht an einer „objektiven Naturbetrachtung interessiert. Denn sie sahen die Welt vor allem als Schaubühne, auf der die göttlichen Geheimnisse ausgespielt wurden. Wie alle Naturformen- und -kräfte waren für sie auch die Farben Bedeutungsträger. Darum registrierten sie die Farben, die sie als Medien göttlicher Einstrahlung in die Welt erfuhren, nicht naturalistisch sondern übernahmen nur die ihnen gemäßen als symbolische Elemente in ihren Kult.

Die antike hebräische Farbsymbolik tritt in vollem Umfang erst anläßlich der göttlichen Anweisungen zum Bau des Stiftszeltes hervor. Nach den Berichten des 24. und 25. Kapitels des zweiten Buches Moses wird Mose vom Herrn der Offenbarung, dem Elohim von Israel, auf den Sinai gerufen. Vierzig Tage und Nächte weilte Mose auf dem Gipfel des Berges, den eine Wolke bedeckte, die von unten, vom Volke her, wie ein verzehrendes Feuer anzusehen war. In jener geheimen Zweisamkeit mit Gott empfing Mose den Auftrag, ein Heiligtum, das Stiftszelt, zu schaffen. „Sage den Israeliten, sie sollen mir ein Heiligtum machen, daß ich mitten unter ihnen wohne. Genau nach dem Urbild der Wohnung und nach dem Urbild aller ihrer Geräte, das ich dir (hier oben) zeigen werde, sollen sie es machen." Gott zeigte demnach Mose das Modell des Heiligtums, damit das Untere im idealen Sinn das Abbild des Oberen werde, eine Tendenz, die nicht nur das hebräische, sondern jegliches Heiligtum des Altertums bestimmt. Wo Gott in seinem Tempel weilt, ist die Erde zum Himmel geworden. Als Material zur Nachbildung des himmlischen Heiligtums bestimmt Gott Gold, Silber, Erz, Stoffe von blauem und rotem Purpur und karmesinfarbige, weiße Gewebe von Byssus und von Ziegenhaaren, rotgefärbte Widderfelle, Seehundfelle und Akazienholz, Öl für den siebenarmigen Leuchter vor der Bundeslade, Spezereien für das Salböl und wohlriechendes Räucherwerk, Sohamsteine sowie Edelsteine zum symbolischen Schmuck des Ephod und des Brustschildes des Hohepriesters.

Die jüdische Überlieferung weiß nun zu berichten (Midrasch Bamidbar rabba), daß Gott dem Mose in der Wolke viererlei Feuer als Vorbilder für die Gestaltung des Stiftszeltes gezeigt habe: rotes, blaues, schwarzes und weißes Feuer. Als Mose verzweifelt ausrief: „Wie kann ich solches nachbilden!", habe ihm der Herr geantwortet: „Ich durch meine Doxa und du vermittels deiner Farben." Demnach hat Mose am Himmel nicht ein dingliches Gebilde, sondern die mächtige Erscheinung der Urfarben als Vorbilder der vier hebräischen Kultfarben gesehen. Denn das rote Feuer entspricht dem Scharlach, das blaue dem Blaupurpur oder dem Saphirblau, das schwarze dem Rotpurpur, das weiße Feuer dem Byssus. Mose sah gleichsam in den über den Himmel ausgespannten vier Farben die „vier Seiten“ oder Qualitäten Gottes, eine Erscheinung, die in der Heiligen Schrift auch als der Thron Gottes bezeichnet wird. (Siehe in Analogie hierzu Ezechiel 1. 26 und Apokalypse 4, 2 ff.)

Denn der Thron Gottes wird als der Ausglanz, die Doxa Gottes, gedeutet, er erscheint in den Gesichten der Propheten als ein ein- oder mehrfarbiges Lichtgebilde.

Purpurrot, Purpurblau (oder Saphirblau), Scharlach (Zinnober) und dazu Weiß, d.h. Byssusfarben waren demnach die Symbolfarben der Hebräer. In der Anweisung zum Bau des Stiftszeltes werden die drei ersten Farben durch wollene Gewebe, das Weiß durch Leinen (Byssus) dargestellt. Vierfarbig, d.h. gewebt aus Fäden in den vier Kultfarben, mit den eingewobenen Gestalten der Cherube, waren die zehn Teppiche, welche die innern Zeltwände – ein blau-rotes Gehäuse –, bildeten. Vierfarbig mit eingewebten Cheruben war der Vorhang, der das Allerheiligste mit der Bundeslade und dem siebenarmigen Leuchter vom Heiligen, und ebenso der Vorhang, welcher das Heilige vom Vorhof schied. Vierfarbig war das Schulterkleid, der Gürtel und das mit goldenen Ringen am Schulterkleid befestigte Amtsschild des Hohepriesters. Dreifarbig, nämlich purpurblau, purpurrot und scharlach waren die Granatäpfel am Saum seines Amtskleides. Dieses selbst aber war einfarbig, nämlich purpurblau. Hingegen war das Untergewand byssusweiß, und auch die Kopfbedeckung (Turban) des Hohepriesters war ebenso weiß wie die Gewandung der einfachen Priester vom Dienst. Einfarbig, meist purpurblau, aber teilweise auch purpurrot, waren die Tücher, mit denen die heiligen Geräte während des Wüstenzuges bedeckt wurden (d.h. wenn das Volk von den Ruhestationen aufbrach und das Stiftszelt zusammengelegt und „verpackt“ wurde). Die obere Decke des Heiligtums bildeten elf Teppiche aus weißen Ziegenhaaren, unterhalb derselben war eine Decke aus rotgefärbten Widderfellen geheftet, obendrauf aber eine wasserdichte Decke aus Robbenfellen. Einzig der Brandopferaltar, der Ort der Versöhnung, wurde während der Wanderung mit einem purpurroten Tuche verhüllt (4. Mose 4, 13). Ähnlich wird noch heute in der Ostkirche der Altar mit einem roten Tuche bedeckt.

Es ist kennzeichnend für die Farbsymbolik des Pentateuchs, daß darin weder Gelb, noch Grün, noch Schwarz enthalten sind. Das Grün (Gift- und Fahlgrün) wurde nämlich als für den Kult ungeeignet, weil negative Toten- und Dämonenfarbe, empfunden. Wahrscheinlich wurde Gelb, im Gegensatz zu Gold, das den göttlichen Glanz symbolisierte, als Trübung des weißen Lichtes betrachtet und darum als gleichsam „unreine" Farbe im Kulte ausgeschlossen. Daß Schwarz in dem das himmlische Heiligtum abbildenden Stiftszelt ausgeschlossen sein mußte, ist naheliegend und sinnvoll; denn Schwarz ist, da es alle Farben schluckt, die Farbe, oder besser die „Nichtfarbe" des Todes: Im Schwarz erleidet das Licht den Tod. Schwarz ist darum nicht der Ursprung der Farben, sondern deren Ende, es verkörpert jene Finsternis, die unaufhörlich das Weiß des Lichtes und seine Kinder, die Farben, zu vernichten, ins Nichts zu überführen sucht. Finsternis ist zudem der biblische Gesamtbegriff für alles Widergöttliche (Jesaja 60, 2; Johannes 1, 5). Darum gilt auch das Totenreich als das schwarze Loch der Lichtlosigkeit (Hiob 10, 21). Selbst das Endgericht, in das die Geschichte einmündet, wird sich in einer Phase der Verfinsterung vollziehen (Verfinsterung von Sonne und Mond (Joel 3, 15; Apokalypse 6, 12). Darum rast auch das Repräsentant der Teuerung und des Hungertodes der dritte der apokalyptischen Reiter auf einem schwarzen Pferd heran (Apokalypse 6, 5 ff.). Auch der Reiter auf dem schwarzen Pferd in der Schauung des

Propheten Sacharja (6,2f.) hat unheilvolle Bedeutung, denn er strebt nach Norden, woher der Antichrist zu erwarten ist.

Das Weiß hingegen strahlt reine Lebenskraft aus. Aus ihm gehen alle Farben hervor – es ist ihnen Vater und Mutter zugleich. Diese Qualität verbleibt dem Weiß auch nach dem Hervorgehen der Farben, da sie auch darnach allzeit vom Lichte gespeist, gestärkt und verklärt werden. Das Weiß symbolisiert darum unendliche Schöpferkraft, Reinheit und Alldurchdringen, d.h. den Sieg. Darum erscheint der erste apokalyptische Reiter auf einem weißen Pferde „als Sieger und um zu siegen“ (Apokalypse 6,2). Auch Gott, als der „Alte der Tage“, d.h. der Ewigseiende, im Buche Daniel (Daniel 7,9) offenbart sich in schneeweißem Gewand und mit weißen, d.h. leuchtenden Haaren, nicht anders wie der apokalyptische Christus in seiner Verklärungsgestalt (Apokalypse 1,14). Selbst der Thron des Endgerichts wird von Johannes (Apokalypse 20,11) als weißleuchtend geschaut, denn die verklärte Welt ist schattenlos und ungetrübt leuchtend. In der Vorwegnahme des Kommenden werden darum, nach Matthäus 17,2, die Kleider Jesu Christi auf dem Verklärungsberge als weißleuchtend geschildert.

Wenn nun die jüdischen Priester, nach der von Mose empfangenen göttlichen Weisung, in weißen Kleidern amtierten, so repräsentierten sie damit nicht nur das göttliche Licht, sie wollten darüber hinaus realsymbolisch dem göttlichen Willen entsprechen: sie stellten symbolisch den unbefleckten paradiesischen Menschen dar. Die Kleider der Priester sind weiß wie diejenigen der Engel und der Seligen im himmlischen Bereich. Anders der Hohepriester und seine Söhne: Da nur sie befugt waren, in das Allerheiligste mit der „Lade der Gegenwart Gottes“ einzutreten, waren sie nicht nur in das Weiß des ungeteilten Lichtes gekleidet, (denn weiß war ihr Untergewand, ähnlich wie heute noch beim katholischen Priester), sie trugen darüber, wie schon erwähnt, das Gewand der vier heiligen Farben, als Symbole der Thronwagenherrlichkeit Gottes. Denn Gott erscheint inmitten der Aura der „vier Farben", die in der Thronwagenvision des Propheten Ezechiel auch als die „vier Wesen" Adler, Stier, Löwe und Engelmensch symbolisiert wird.

Dem göttlichen Weiß steht aber im Bereich der hebräischen Symbolik das scharfe Gelbrot, Karmoisin, Scharlach oder Zinnober genannt, gegenüber, die Farbe des verheerenden, richtungslosen Feuers. Licht und Feuer sind jedoch in der Symbolsprache der Heiligen Schrift äußerste Gegensätze. Das Licht ist das Symbol der heiligen Reinheit, der umsorgenden Liebe und schließlich des Sieges über die Finsternis. Das Feuer ist hingegen das Sinnbild des verzehrenden göttlichen Zornes, des Strafgerichtes und der menschlichen Sünde. Wenn darum Jesaja (1,18) die Sünde, welche das Zorngericht Gottes herausfordert, kennzeichnen will, so nennt er sie rot wie Scharlach – während der Zustand ihrer Tilgung mit der Weiße des Schnees verglichen wird. Die in der Vierfarbigkeit der Hohepriesterkleidung mitenthaltene Scharlachfarbe bedeutet darum, daß der Hohepriester nicht nur Diener und Mittler des in seiner Liebe, sondern auch des in seinem Zorn heiligen Gottes ist. Liebe und Zorn als die Urpolaritäten der Affekte gehören gleicherweise zur Aura Gottes, denn nach Jesaja 10,17 wird im Gericht „das Licht Israels (Gott) zum Feuer werden und sein Heiliger zur Flamme." Darum wird der Hohepriester am Versöhnungstage entweder zum Mittler der Gnade und Vergebung, wodurch die scharlachrote Sünde getilgt wird, oder, wenn Gott sich verweigert, zum Mittler des scharlachroten Zornes Gottes. So sind anscheinend Weiß und Rot ein Gegensatzpaar (wie dies auch in der Farbsymbolik der mittelalterlichen Alchemie der Fall ist oder in der einstigen politischen Parteiung der weißen und roten Rose in England).

Die Purpurfarbe galt in den alten Hochkulturen als Signum heiliger Herrschaft. Darum war im Römischen Reich alleine dem Kaiser die Purpurfarbe vorbehalten. In Richter 8,26 wird von der Erbeutung der Purpurgewänder der Midianiterkönige berichtet. Aber ursprünglich war Purpur die Gottesfarbe, als Farbsymbol dafür, daß „Gott wird König sein immer und ewig" (2. Mose 15,19). Erst als sich die Anschauung durchsetzte, daß der irdische König Repräsentant Gottes, also König von Gottes Gnaden ist, so in der Institution des vorderasiatischen Soterkönigs und des römischen Gottkönigs, ist die Purpurfarbe dem irdischen Herrscher zugestanden worden. Zwei Arten von Purpur wurden im Altertum unterschieden: der Rot- und der Blaupurpur, die aus der Purpurschnecke gewonnene kostbare Purpurfarbe, die sich sowohl rot- wie blauviolett ausfärben kann. Der rote Purpur der hebräischen Farbsymbolik repräsentiert die herrscherliche Majestät Gottes, sein Ansichsein und seine Erhabenheit, während der Blaupurpur die Herablassung Gottes, seine Offenbarung in der Geschichte anzeigt.

Daß das Blau den sich offenbarenden Gott symbolisiert, wird deutlich durch ein zentrales Ereignis der sinaitischen Offenbarung. Als nämlich Mose, Aaron, Nadab und Abihu mit den 70 Ältesten den Berg der Offenbarung bestiegen, „schauten sie den Elohim von Israel, und unter seinen Füßen war es (schimmerte es) wie eine Saphirplatte, wie die Reinheit des Himmels" (2. Mose 24,9ff.). Wie später Ezechiel (1,26), sahen demnach die Ältesten Gott in eine Aura von Saphirblau verhüllt, durch welche sich die Gegenwart und Herablassung der Gottheit anzeigte. In diesem Blau offenbarte sich Gott nicht als der Schöpfer, sondern als der Herr des Bundes und als der den Menschen liebevoll Zugeneigte. Auf die Frage, warum sich Gott gerade im „Blau" offenbare, versuchten die jüdischen Weisen im Talmud diese Antwort: „Weil Purpurblau dem Meere, das Meer dem Firmament und das Firmament dem Saphirstein und der Saphirstein dem Throne der Herrlichkeit gleicht, den Israels Älteste auf dem Sinai schauten". Nach Pirke R. Elieser 46 bestanden selbst die Gesetzestafeln aus Saphir, d.h. sie sind, als die materiellen Träger der Offenbarung, die „Blauen".

Seit jenem Ereignis der Offenbarung Gottes in Blau ist diese Farbe zur bevorzugten, zur eigentlichen hebräischen Kultfarbe geworden. Es ist darum durchaus sinngemäß, wenn das Blau in Bezug stand zum innersten Heiligtum des hebräischen Kultes, zur „Bundeslade", zur Lade der Gegenwart Gottes. Der Brandopferaltar wurde während der Wüstenwanderung des jüdischen Volkes mit einem rotpurpurnen Tuch bedeckt, die Bundeslade jedoch nicht nur mit dem vierfarbigen Vorhang zum Allerheiligsten (und zum Schutz noch mit Robbenfellen), sondern auch mit einem purpurblauen Tuch verhüllt.

Das kühle, affektlose, beruhigende Blau, das die Stimmung unendlicher Ferne und Weite hervorruft, ist aber auch die Farbe der Reflexion und des abstrakten Denkens. In dieser Bedeutung und Stimmung wurde Blau insbesondere dann vorherrschend, als am Ende des Altertums die Gesetzesreflexion allmählich den Opferkult verdrängte, ein Zustand, welcher durch die Zerstörung des Tempels im Jahre 70 n.Chr. zu einem endgültigen wurde. Im Neuen Testament jedoch ist das Blau als Gottesfarbe ohne Bedeutung. Denn, wenn überhaupt eine symbolische Farbe, dann wird im Neuen Testament in höchster Bedeutung das Rot des Blutes des geopferten Lammes, das göttliche Opferblut, wesentlich und zentral.

Es scheint, daß die alten Hebräer Gelb und Grün als einander ähnlich empfunden haben und zwar so sehr, daß in Farbbezeichnungen Überschneidungen vorkommen. Ohnedies wurde durch Grüngelb das Gelb dem Grün angenähert. Dies Grüngelb aber bezeichnete sowohl das Grün des Laubes wie auch die Farbe des reifen, vergilbten Getreides, die Blässe des Gesichtes wie das Aussehen der Gelbsuchtkrankheit. Auch die Zeichen des Aussatzes an Kleidern und Gemäuern galten als grüngelb, galt das Haar der Aussätzigen (3. Mose 13,31 ff.). Darum reitet in der Apokalypse der Tod auf einem fahlen, d. h. vergilbten, grüngelben Pferd; denn Grünlich und Gelb sind in der alttestamentlichen Farbsymbolik die Zeichen der Verwesung. Wahrscheinlich ist aus solcher Bewertung und Symbolisierung die Grünfärbung der Dämonengestalten in der Kunst des Mittelalters herzuleiten, wenn es auch hierfür noch andere Quellen geben mag.

DAS ROT IN DER HEILIGEN SCHRIFT

Rot ist innerweltlich die aggressivste, am meisten zum Guten wie zum Bösen aufreizende Farbe: die Farbe der Erotik und der Liebenden, des Krieges, des Blutes und der Triebkraft. Die „gute" Seite des Rot wirkt sich aus in der Mehrung von Kraft, Energie, Unternehmungsgeist, Freiheitsliebe und Begeisterung, die „schlechte" im Streit, der Ungehemmtheit der Begierden, Scham- und Maßlosigkeit, Aufruhr und Zerstörungssucht. Im System der Tiefenpsychologie C. G. Jungs entspricht Rot dem Gesamtumfang der affektiven Libido der unbewußten Lebenskräfte. In der Jungschen Typologie ist es zudem

dem Gefühlstypus zugeordnet, der eine besondere psychische Affinität zum Rot aufweist.

Rot ist darum innerhalb der geschaffenen Welt die Urfarbe, die Farbe schlechthin – in ihr verschlingen sich Anfang und Ende des sich wandelnden Lebens. Dem Anfang entspricht Rot durch seine leidenschaftliche Weltbezogenheit, durch seine unreflektierte Impulsivität, dem Ende durch sein unstillbares Übermaß, das alle Grenzen sprengt und das Gericht heraufbeschwört. Aber nicht nur der Wandel des Lebens wird vom Rot ein- und ausgeleitet, sondern auch der Wandel des Lichtes im Tageslauf. Mit dem Morgenrot beginnt, mit dem Abendrot endet der Tag. Der rote Lichtnebel ist sowohl Vorklang des weiß-goldenen Lichtes wie sein Nachklang an der Grenze der Finsternis.

Das Rot ist aber auch die Erstlingsfarbe des Menschen. Der Säugling reagiert zuallererst auf die rote Farbe, erst vom neunten Monat an reagiert das Kleinkind auf das Blau. Dies ist aber nur ein Beispiel dafür, daß das Rot mit allem Anfänglichen und Primitiven innig verbunden ist. Freilich, über die Anfänge des lebendig Urtümlichen gelangt das Rot nie hinaus. Wenn die Sonne der roten Morgenfrühe entsteigt oder der Geist nach der Traumzeit der Jugend zu sich selber kommt, dann tritt innerlich und äußerlich das Rot zurück. Denn „je bedeutender die Naturgestalt, je größer ihre Daseinsmöglichkeiten, umso seltener wird ihr das erregende Rot zugebilligt. Bei höheren Pflanzen ist es an Blüten und Pflanzen noch häufig, bei höheren Tieren viel seltener. Zu je höheren Leistungen aber die nervösen Zentralorgane eines Tieres fähig sind, umso spärlicher in seiner Erscheinung das volle Rot. Ganz besonders sparsam ist das Rot den Säugetieren zugeteilt“ (Adolf Portmann).

Aber Rot ist nicht nur die Farbe des Anfangs, der Jugend, der Wärme und Nähe, sondern auch die Farbe des

Todes und der Entrückung (freilich in einem ganz andern Sinne als das Blau, das die unbegrenzte Weite und Kühle des Geistes und des Denkens symbolisiert). Auch due Unterwelt ist „rot“. So sind in der Überlieferung oft die Dämonen durch die rote Farbe charakterisiert. Die Pestfrau ist rot gewandet – galt doch die Pest als die von den Unterirdischen bewirkte Krankheit. Vor allem aber erscheint der Tod, neben dem Teufel die zweite Hauptgestalt der Unterwelt, als der Rote. Daß die Menschen schon in vorgeschichtlicher Zeit den Tod mit dem Rot in Verbindung brachten, erweisen Skelette aus dem Paläolithikum und dem Neolithikum, die mit einer Schicht roter Farbe überzogen waren. Rote Decken und Gewänder waren im Totenritual der Griechen und Römer gebräuchlich. Ähnliches wird aus dem alten Indien berichtet. Rote Bahrtücher und Kerzen beim Begräbnis waren im Mittelalter häufig.

Auch in der Symbolik und im Brauchtum des Alten Testamentes gilt Rot als eine Hauptfarbe. Aber sie bezeichnet freilich nie etwas Geistiges oder Göttliches, sondern ist stets Ausdruck von Leidenschaften, von Lust und Wollen und der Erdkräfte. Je höher, geistiger, göttlicher die Bereiche sind, von denen die Heilige Schrift berichtet, desto mehr tritt auch das Rot als Symbolfarbe zurück. Dennoch ist Rot das verbreitetste Farbwort im Alten Testament. Denn je stärker eine Farbe empfunden wird – und Rot löst die heftigsten Empfindungen aus – desto häufiger wird das Farbwort dafür erwähnt und desto verschiedenartiger sind auch die Bezeichnungen für diese Farbe. So ist mit sieben von verschiedenen Wurzeln hergeleiteten Wörtern Rot zahlenmäßig am vielfältigsten und häufigsten in den Texten vertreten. Von allen hebräischen Termini für Rot ist allerdings die Bildung aus der Wurzel ‚dm‘ so in adam, adom am meisten gebräuchlich. Aber auch in den indogermanischen Sprachen verhält es sich nicht anders, auch in diesen ist Rot das verbreitetste Farbwort. Die Bedeutung von Rot für den slawischen Kulturkreis geht daraus hervor, daß im Russischen rot zugleich schön bedeutet. Alles summierend läßt sich sagen: sowohl die Schönheit der Welt wie ihre Vergänglichkeit ist „rot".

Wenn wir nun dem die Texte des Alten Testamentes durchziehenden „roten Faden" folgen, so stoßen wir erstmals auf das Rot im zweiten Kapitel der Genesis, im sogenannten zweiten Bericht von der Erschaffung des Menschen. Nach dem 7. Vers des 2. Kapitels vollzog sich seine Erschaffung in zwei Akten. Zuerst bildete Jahwe Elohim den Menschen aus dem Staub der adamah, der roten Erde oder dem Rötlichen. Wie Ton aus des Töpfers Hand ging des Menschen irdischer Leib aus der Formkraft des Schöpfers hervor. Seine Belebung aber empfing das Tongebilde in einem zweiten Akt durch die Einhauchung des göttlichen Geistes. Dadurch ward der Mensch „ein lebendiges Wesen", was bedeutet: ein leibhaftes Geistwesen.

Diesen geheimnisvollen Vorgang kommentiert Hugo Rahner in seinem tiefsinnigen Traktat „Die seelenheilende Blume" (in „Griechische Mythen in christlicher Deutung"), mit den Worten: „Wenn der antike Christ in seiner Bibel las, Adam sei aus dem Lehm der Erde gebildet worden, so formte sich sie ihm unmittelbar in das Bild der schwarzen Materie: Adam ist seiner leiblichen Existenz nach „schwarz" ... Das läßt sich an einem Lehrstück nachweisen, das bis ins hohe Mittelalter hinein große Bedeutung hatte. Nach einer alten Tradition ist Adam nämlich aus roter Erde gebildet worden, aus dem Ton der Urmaterie. Nun bedeutet aber nach antiker Farbsymbolik „rot" das gleiche wie „schwarz". Rot ist die Farbe des Materiellen, des Typhonischen (denn Typhon, so glauben die Ägypter, ist von rötlicher, ins Bleiche gehender Farbe, sagt Plutarch), also alles noch nicht Geistigen und Widergeistigen, Rot ist die Totenfarbe, was rot ist, muß auch sterben. Rot ist daher selbst die Farbe des Bösen, und ein antiker Frommer betet zu Isis: ‚O Isis, Große der magischen Formeln, löse mich, befreie mich aus der Hand aller schlechten, bösen, roten Dinge.‘ Wenn also Adam aus roter Erde gebildet ward, so will der antike Christ damit sagen: er war sterblich, er war materiell – und schließlich auch: er war den dämonischen Gestalten untertan. Er hätte genau so sagen können: Adams Leibgestalt war schwarz. Noch auf Mosaiken der Vorhalle von San Marco in Venedig kommt diese durchaus antike Denkweise zu bildlicher Gestalt. Und erst von dem Augenblick an, wo dem schwarzen Adam der Geist Gottes eingehaucht wird, die Seele (die auf dem Mosaik in der Gestalt einer Psyche mit Schmetterlingsflügeln auf Adam zuschwebt), wird Adam schön und weiß wie eine klassische Statue.“

Der Mensch der Genesis ist also ein „roter Lehmgolem“, der durch Gottes Lebens- und Geisthauch zum Leben erweckt wurde. Die rote Erde, die adamah, aus dem Adam gebildet wurde, ist als Urstoff, als prima materia, zu betrachten, als jener mit allen Kräften der Schöpfung gesättigte „limus“ des Paracelsus. Die Totalität dieses Erdstoffes umschreibt der Talmudtraktat Sanhedrin 38 a mit den Worten, Gott habe für die Erschaffung des Menschen Erde von der ganzen Welt genommen. Diese adamah, die Rote, „Untere und Schwere“, hat nun eine mehrfache Bedeutung und Funktion. Einerseits ist sie als Ackererde Grund aller Fruchtbarkeit – sie ist die Mutter Erde, aus deren Schoß jede Gestalt hervorgeht und aus der auch Gott die Gestalt des Menschen „durch Abkneifen“ hervorholte. Im Gilgamesch-Epos wird Engidu, der Naturmensch, von der Urmutter Aruru geschaffen, indem sie „Lehm abkniff und darauf zeichnete“. Ebenso wird in Hiob 33,6 die Erschaffung des Kindes im Mutterleibe mit dem gleichen Bilde vom Lehmabkneifen umschrieben: „Vom Lehm ward ich abgekniffen". In Verbindung mit dem Schöpfer und seinem Geisthauch ist die Erde die Fruchtbare und Gebärende. Jedoch vom Schöpfer und seinem Logos isoliert, höhlt sich in ihr jener topos aus, der als scheol, Unterwelt, das Lebendige in sich saugt. Denn die adamah ist sowohl der große und fruchtbare Bauch, der Uterus, aus dem alles Leibhafte hervorgeht, wie auch, isoliert vom geisthaft waltenden Schöpfungssinn, zugleich der Sarkophag, der Fleischfresser, der das aus ihm Geborene wiederum frißt. Doch letzteres konnte sich erst ereignen durch den Sündenfall des Menschen, der den Auseinanderfall der Weltharmonie eines in Gott wurzelnden Seins in die Todesdissonanz des bloßen Daseins zur Folge hatte. Zuvor aber war die adamah der unaufhörlich spendende Mutterschoß ohne Gift und Dornen, aus dem sogar der Baum des ewigen Lebens, der Inbegriff eines todlosen, in Harmonie und Schönheit wesenden Lebens, hervorwuchs. So war adamah einst die Schöne, d. h. Vollendete und Harmonische – wie dies heute noch im arabischen adam durchklingt, woraus einerseits adam, schön, und anderseits adama, gefallen, gebildet wurde. Ebenso leitet sich das russische „krassnyj", rot, vom altslawischen „krasa", Schönheit, her. So ist durch den Fall aus der schönen adamah die Gefallene geworden. Es scheint naheliegend, den Fall des Menschen als einen Bruch in seinem Wesen aufzufassen, als eine Spaltung und Entzweiung seiner Seinsweise und Seinserfahrung. Dadurch in das nach unten reißende Bereich des Dämonischen geraten, ist er dem Bereich des Pneumatischen, an dem er durch die Geisteinhauchung Anteil hatte, entfallen und durch einen „Absturz der Welt" (Origenes, de princ. 3, 5,4) in das Reich der Sünde und des Todes gestürzt. In diesen Absturz hat er aber die

Welt miteinbezogen, so daß die Erde, die Rote, bisher sein vom Geiste beherrschter Bildestoff, nun als Inbegriff des Somatischen über ihn Macht erlangt hat: das Gleichgewicht im Menschen und in der Schöpfung ist zerbrochen. Das Rot, ursprünglich die Schönheit und Ganzheit der Schöpfung symbolisierend, ist so zum Zeichen des Todes und der Unterwelt geworden.

Diese Spaltung aber wird in der außerparadiesischen Menschheit zum konstituierenden Prinzip der Geschichte: Brüder, Sippen, Stämme und Völker unterstehen dem Spaltungsprinzip; sie werden durch das Rote, als Element der Entzweiung, einander zu Gegnern. Zum ersten Male geschieht dies in dem Brüderpaar Kain und Abel. Kain, der Ältere, der Mann des Feldes, der Ackerbauer, d.h. der Erdmann, der Rote, wird zum Mörder und vergießt das rote Blut seines Bruders Abel, das sich mit der roten Erde mischt. Von ihm stammen – archetypisch – diejenigen ab, die Blut vergießen. Das uralte Mythologem von den ungleichen Brüdern, dem gesegneten und dem verfluchten, tritt sodann wieder in der Geschichte von Isaak und Ismael hervor: Isaak, der Sohn Abrahams und seiner Gattin Sara, Ismael, der Sohn Abrahams und seiner Sklavin Hagar. Ismael aber, der Stammvater der Araber, ist ein „Wildeselmensch, seine Hand wider jedermann und jedermanns Hand gegen ihn, und er wird all seinen Brüdern im Nacken sitzen" (1. Mose, 16, 12). Der „rote" Esel ist bei den Ägyptern Sinnbild des Satans Typhon, des Repräsentanten der „roten" Unterwelt. Isaak ist der Segensträger, das „gottliche Kind", Ismael wird zum Träger des Fluches.

Der „rote Faden" ist sodann dramatisch mit einer Dirne verknüpft. Die Dirne hat in der sakral orientierten Antike immer Unterweltscharakter. Die von Josua über den Jordan in das feindliche Jericho gesandten Kundschafter (Josua 2, 18, 21) werden vor der Bevölkerung der Stadt in ihrem Hause versteckt. Zum Dank erwartet sie, daß sie und die Ihren bei der Eroberung der Stadt durch die Hebräer verschont werden wird. Um ihr Haus als ausgesondert, im Hebräischen als heilig, kadosch, zu bezeichnen, wird vereinbart, daß sie beim Einzug der Truppen eine rote Schnur aus dem Fenster hängen soll – das Zeichen der „roten" Unterwelt.

Auch das Rote Meer trägt nicht zufällig diesen Namen. Es ist gewissermaßen der sich öffnende Rachen der Unterwelt, die die Gefangenen des „zwischen den Strömen sich lagernden Drachens", so nennt die Schrift den Pharao, freigeben muß. Ägypten ist Drachenwelt, das Rote Meer gleichsam deren Maul, das durch göttlichen Eingriff gespalten, d. h. geöffnet wird.

> *Er spaltete das Meer und ließ sie durchziehen,*
> *Und er türmte das Wasser auf wie einen Damm.*
> (Psalm 78,13)

Aber dann werden durch göttliches Eingreifen der Drache und seine Helfershelfer, d. h. der Pharao und sein Heer, durch die Unterwelt verschlungen.

Und schließlich fällt von einer innerhalb der Textfolge der Bibel späten und beiläufigen Notiz ein erstaunliches Licht auf die Bedeutung der reichen Drachensymbolik der Bibel. In Apokalypse 12 wird der große Drache mit sieben Köpfen, zehn Hörnern und sieben Kronen, der die am Himmel erscheinende Licht-Jungfrau-Mutter verfolgt, feuerrot genannt. Mit dieser Aussage wird innerhalb des symbolischen Weltbildes der Bibel etwas Entscheidendes angedeutet. Warum nämlich ist der Drache der Apolakypse, genannt auch die alte Schlange, Teufel und Satan, rot?

Durch die ganze Heilige Schrift zieht sich wie ein „roter Faden" die dramatische Geschichte vom Drachen. Seit einer Urkatastrophe, von der sich, weit über die

Texte verstreut, dunkle lapidare Andeutungen finden und von der der Bericht des Sündenfalls im Paradies eine Schilderung im mythischen Stile gibt, spielt sich in der Schöpfung, nicht nur im Menschenbereich, ein geheimnisvoller Kampf ab. Eine Macht, die der Drache genannt wird und die uns nach jener beiläufigen Bemerkung in der Apokalypse als „rot" zu gelten hat, befindet sich im Aufstand gegen das aus einem sinnvollen Plan hervorgegangene Schöpfungsganze. In der Seele wie in der Physis, in der Geschichte wie im Bereich des Geistes suchen der Drache, seine Boten und Vikare die Macht zu erlangen, d.h. die Macht dem eigentlichen Herrn der Welt streitig zu machen. Der Kampf ist in der Schrift als dringliche Realität gemeint, heißt doch der Drache, besonders im Neuen Testament, der Fürst dieser Welt. Ihm ist also Macht zugesprochen, denn er ist als ursprünglicher Lichtträger (nicht als Licht selber), ein in dieser Weltzeit aber in das „Rote" gefallener Lichtfunke, obwohl einst leuchtend wie der Morgenstern in hellem Glanz, in seinem Fall verdunkelt zu feurigem Rot. Im zweiten Teil der kultischen Farbsymbolik der Hebräer ergab sich, daß das Feuer, weil Gegensatz zum Licht, als Ausdruck des Zornes, der Sünde, der Unterwelt symbolisiert wurde. Der Drache aber ist „rot", weil er als Feind der Lichtwelt und der Lichtträger wirkt. Sein Schwanz schlägt ein Drittel der Sterne vom Himmel herab (Apokal. 12). Und weil er ein Widersacher (hebr. Satan) der Sterne und der sie nach alter christlicher Überlieferung bewegenden Sternengel ist, muß er auch Feind aller leiblichen und geistigen Fruchtbarkeit, Feind jener charismatischen Kräfte sein, die sich im „Gebärenkönnen" der Schöpfung anzeigen. Darum verfolgt er die gebärende Jungfrau am Himmel, wie auch ihre „anderen" Kinder auf Erden.

Nun wird aber im Text der Apokalypse der Drache

„alt“ genannt, ein Hinweis darauf, daß der Drache nicht irgendwann, mitten in der Entwicklung oder der Geschichte des Menschen, aufgetaucht ist. Er ist „der Lügner von Anbeginn“, und wenn er darum als Erschaffener nicht vor der Schöpfung war, so gehört er doch in den Aion ihres Anbeginnes, in die Archä der Schöpfung. Als einer der Archetypen der gefallenen Schöpfung ist er auch Symbol und Ausdruck für die dunkelsten, primitivsten Schichten der Welt und damit ... der Mensch als Inbegriff der ganzen Schöpfung und als Mikrokosmos verstanden, auch der archaischen Schichten der menschlichen Seele. Auch in den außerbiblischen Schöpfungsmythen verkörpert der Drache, z. B. als babylonische Tiamat, das archaische Urchaos, das die Ausfaltung einer vielfältigen lichten Welt zu verhindern gesonnen ist. Es handelt sich also beim roten Drachen um ein negatives, verschlingendes, urmütterliches Prinzip, dem die ursprünglich gute Erde als gebärende adamah gegenübersteht. Denn aus jener erwähnten Apokalypsenstelle ergibt sich ein weiteres: in seinem Kampf gegen das gebärende Weib speit der Drache als Mittel der Verschlingung Wasser. Nach den Gesetzen der Symbolik kann eine Gestalt nur „von sich geben“, was in ihr ist und wessen ihr Wesen ist. Der rote Drache ist demnach der Inbegriff des Wasserchaos – er ist der dunkle Wasserabgrund, in dem sich alle Gestalt auflöst. Er ist das Bild des sich selber bewahrenden „roten“ Urmeeres, des tehom, das gegen den Schöpfer und Erhalter der lichten Welt im Kampfe liegt, psychologisch gesprochen die Inflation des Unbewußten im Kampfe gegen das Bewußtsein und die Einheit der Person. Gegen diese die Menschwerdung wie das fruchtbare Land bedrohende „rote“ Macht ruft der Prophet (Jesaja 51, 10) den Schöpfer an:

Auf, auf, hüll dich in Kraft, des Ewigen Arm!
Auf wie in Vorweltstagen, Urzeitgeschlechtern!
Warst du es nicht, der Rahab niederhieb,
Durchbohrte den Drachen? Warst du es nicht,
der trocknete das Meer, der Urflutherrin Wasser ...

Der Psalmist sieht sodann, wie der Herr den Drachen dämpft:

Du hast durch deine Stärke das Ur(Meer) zerstückt,
Zersplittert den Kopf des Drachen auf dem Wasser.
(Psalm 74, 13)

Seine Hand erschlug den flüchtigen Drachen.
(Hiob 26, 13)

Du zwingst des Meeres Schwellen,
Wenn seine Wogen steigen, dämpfst du sie.
Du hast zermalmt wie einen Durchbohrten Rahab,
Mit deinem starken Arm zerstreust du deine Feinde.
(Psalm 74)

Der Drache ist also das archaische „Wasserchaos", demnach älter als das feste Land und seine Fruchtbarkeit, psychologisch das alles Bergende, aber auch alle Gestalten in sich verschließende Unbewußte, das das erlangte Bewußtsein und seine Gestalten mörderisch wieder in sich zurücksaugen möchte. Rot ist der Wasserdrache, rot aber auch die adamah, aus der der Mensch gebildet ist. So stehen sich hier zweierlei Rot gegenüber: das Rot der Unterwelt und des Grabes, einer türlosen Unter- und Innenwelt, und das Rot der Mutterhülle, in der das kommende Leben gehegt wird, die aber eine „Türe" ins Reich des Lichtes besitzt. Das Rot des Drachen zeigt ein unaufhörlich gärendes und, weil sich selbst bewahrendes, geburtenloses Reich an, das Rot der adamah jedoch ein sich hingebendes und damit sich beschränkendes, das sich in Geburten entfaltet.

Aus all diesen Umschreibungen ergibt sich: Rot ist einerseits die Farbe der Hochzeit und der zeugenden Lust, anderseits die Farbe der antigöttlichen Gegenschöpfung, des Aufruhrs der Geistmächte gegen Gott, das konstituierende Prinzip der Schöpfung. Rot ist darum die Farbe jeglichen Aufruhrs, so wie einst des Drachens und Luzifers, sodann die Farbe all jener weiteren Mächte in der Geschichte, die sich gegen die auf göttlicher Stiftung beruhende Ordnung auflehnen. Rot ist darum die selbstgewählte Farbe der Revolution und notgedrungen auch die des Kommunismus. Es ist darum auch nicht zufällig, daß sich die Kommunisten als die Linken bezeichnen. Denn Links ist das Symbol der Opposition, des Aufstandes, des Widerstandes, des Nein. Christus hingegen sitzt zur Rechten des Vaters und mit ihm die Gerechtfertigten. Zum Revolutionssymbol wurde das Rot insbesondere seit dem Jahre 1792, als das bonnet rouge nach der Befreiung der Galeerensträflinge durch die Jakobiner zum Abzeichen der revolutionären Gesinnung erklärt und darauf von einem revolutionären comité eine rote Fahne mit einer zum Umsturz aufreizenden Inschrift hergestellt wurde.

So ist selbst Gott „rot", wenn er in den Stand des Gerichtes tritt. „Warum ist so rot dein Gewand und deine Kleider wie eines Keltertreters? fragt der Prophet Jesaja Gott (Jesaja 63,2). „Weil ich die Völker zertrat in meinem Zorn, am Tage meiner Rache." Der Prophet sieht Gott in „hochroten Kleidern" kommen von Edom, d.h. vom Rotort, dem Nest des Drachens. So ist als Drachentreter selbst Gott „rot" geworden – ein schauerliches Mysterium. Ebenso erscheint gegen Schluß des letzten Buches der Schrift, der Geheimen Offenbarung, (Apokalypse), der Keltertreter Christus „angetan mit einem Kleide, das in rotes Blut getaucht war (19,13), tretend die Kelter des Zornweines des allmächtigen Gottes (19,26).

Es ist ein geheimnisvolles Gesetz der Symbole: sie bergen in sich einen Gegensatz, und darum kann die Bedeutung eines Symbols auch in das Gegenteil umschlagen. So ist der Löwe einerseits ein Sinnbild des verschlingenden Satans, anderseits aber auch ein Symbol Christi, des Löwen aus Juda, des starken Helden. Darum kann es auch sein, wie das Beispiel des Keltertreters zeigt, daß der Sieger im Gewand des Besiegten erscheint. Der rote, zornmütige Verkläger der Gerechten und Heiligen, wird besiegt durch den zornmütigen Richter – der Rote durch den Roten. Dann aber wird das todbringende Drachenrot zur Triumphfarbe der Drachenbesiegung, und dies will sagen: zum Zeichen der Erlösung. Und mitten in der Drachenzeit der Bedrängnis erschien das Rot als Verheißung im unversieglichen Feuer des in der Wüste am Gottesberg brennenden Dornbusches. Und schließlich wird es zum Sinnbild der Vollendung des Christuswerkes im Feuerzungenrot des Heiligen Geistes, der an Urpfingsten über alles Fleisch ausgegossen wurde – über jenes Fleisch, das einst aus dem Abgrund der adamah, der roten Erde und Unterwelt, hervorgegangen ist. So ist schließlich das einst dämonische Rot zur Triumphfarbe des Heiligen Geistes geworden.

Symbole im Leben des Menschen

SYMBOLGESTALTUNGEN IM ALLTAG

Es ist offensichtlich, daß die Stellung und Bedeutung des Symbols sich seit der Aufklärung und darum auch heute gewandelt hat. Infolge der Zentrierung des Denkens auf den Lebensvordergrund hat der Mensch heute weithin seine Verbindung „zum Grunde", zu dem Urtümlichen und Ursprünglichen, verloren, das will sagen, er ist, wie dies der Erneuerer der liturgischen Symbolik, Romano Guardini, feststellte, „symbolunfähig" geworden. Aber trotz diesem schmerzlichen Mißstand, der die Kultur der Gegenwart prägt, ist dies kein absoluter Zustand. Zweifellos ist die Unfähigkeit, das Leben aus seiner Tiefe zu verstehen und zu fassen, offensichtlich. Da aber der Mensch ohne symbolisches Imaginieren und Gestalten nicht zu leben vermag, weil das begriffliche Denken alleine immer nur Teilzonen des Gesamtphänomens „Leben" zu fassen vermag und deshalb durch diese Anschauungs- und Fassungsweise unerfüllte Leerstellen der innern und äußern Erfahrung sich ergeben, kann das symbolische Schauen und Denken nie völlig aus dem Dasein des Menschen verschwinden. Es kann darum selbst im schlechtesten Fall nur apokryph werden, das will sagen, ins Unbewußte verdrängt oder „begraben" werden. Aus diesem hat es zum Beispiel Romano Guardini durch sein kleines, aber bedeutungsvolles Buch „Heilige Zeichen" auf schlichte aber bestimmte Weise als neuen Anfang wieder hervorgeholt. Daß zudem „Verlust Gewinn“ werden kann, hat der große Seelenkenner C. G. Jung durch sein weises Wort bezeugt: „Gott ist nicht tot, er hat nur sein Gewand gewechselt.“ Jedenfalls hat darum auch das Symbol in unsern Tagen – und dies besagt: vorübergehend – vielfach Ort und „Gewand“ gewechselt. So ist es heutzutage in den Bereich der Reklame und der Politik hinübergewandert, und noch immer ist es in der Dichtung, so z. B. in derjenigen Stephan Georges, Werner Bergengruens, Paul Celans und anderer Autoren lebendig zeugend geblieben.

Es gibt jedoch Symbole, die in Sprache und Denken gleichsam konstant bleiben, die demnach zu allen Zeiten erscheinen und wirksam sind. Niemand weiß, woher sie stammen und wann sie entstanden sind. Sie wurden nicht durch Weisheitslehrer hervorgebracht und vermittelt, sie waren gleichsam immer da und werden dies auch bleiben. Sie bedürfen trotz all ihrer Bedeutungsfülle nicht des Kommentars – auch wenn ein solcher ihre Komplexheit und Tiefe weiter zu erschließen vermag. Sie sind volkstümlich und werden doch zugleich von Mystikern und Wissenden für ihre Verkündigung in Anspruch genommen. Sie sind darum gleichsam „ohne Vater und Mutter“, da sie sich aus sich selber erzeugt und sich wie die Samen der Samenkugel des Löwenzahns autochthon unbegrenzt verbreitet haben durch den Wind der Zeit und das Verlangen des Menschen. Ein solches „universales“ Symbol, das auch der junge liebende Mensch kennt und unbedenklich gebraucht, ist das vom Pfeil durchschossene Herz – das einfachste und intensivste Symbol für den Zustand der Liebe. Dies Pfeilherz-Symbol verkündet, daß Liebe innigste Vereinigung bewirkt, aber zugleich auch eine Passion, ein Leiden, zur Folge hat. Von altersher gilt darum das Pfeilherz als Symbol des von Liebe verwundeten Herzens des liebenden Menschen und dies gilt ebenso für mystische Gottesliebe wie für die sinnlich-geistige Liebeskraft im Menschen.

Das Symbol des Pfeilherzens ist darum, stellvertretend für alle unmittelbar entstandenen Symbole, kennzeichnend für die Volkssymbole, die der zeitlichen Wandlung nur in geringem Maße unterliegen. So einfach dies auch fürs erste erscheinen mag, so komplex, d.h. vielschichtig ist es in Wirklichkeit. Denn eine Anzahl von Bedeutungsschichten überlagern sich darin. Darauf weist es primär hin als Vereinigung des Männlichen und des Weiblichen. Denn die „runde" Herzform ist (auch in der Volkskunst), Symbol des Weiblichen. Das Urweibliche umrundet mit geschwungener Linie die leere Mitte. Der Pfeil hingegen ist mit seiner radikalen Streckung der Inbegriff des Männlichen. Dem Herz als dem Symbol des Wartenden, Duldenden, Umfangenden, steht der durchdringende Pfeil als Symbol des Zielgerichteten und Angriffigen gegenüber. Beide sind äußerste Gegensätze und zugleich aufeinander bezogen. Erst in dieser Bezogenheit ergeben sie das Bild der Schöpfungswirklichkeit, symbolisieren sie die untrennbare Gegensatz-Einheit des aktiven und des passiven Prinzips, des Inneren und des Äußeren, des Leisen und des Lauten, des Sinnlichen und des Geistigen, des Verhüllten und des Offenbaren, des Lusthaften und des Schmerzlichen – kurzum aller Gegensätze, die sich manifestieren.

Deren Fülle wird im Grunde zuerst in einer Bedeutungsebene zusammengefaßt. Eine andere aber stellt sich dar als der lebendige Prozeß der Vereinigung, als der der innigen Verschmelzung. Seine Konsequenz ist der Blutstropfen, der aus der durch den Pfeil verursachten Wunde hervorquillt. Dieses „Blut" ist nicht nur die Folge des Leidens, sondern auch der aus der Vereinigung geborene Same, der die Zukunft stiftet.

Zu beachten ist zudem, daß dies kleine aber gehaltvolle Symbol sich auf allen Lebens- und Geistesebenen ausgewirkt hat. So war seit dem Mittelalter das Pfeilherz im geistlichen Leben der Kirche ein Symbol der Liebe Christi, die sich vor allem in seiner Passion und seinem Tod bezeugt. Anderseits war und ist bis heute das Pfeilherz ein Symbol für die leidenschaftliche sinnliche Liebe des Menschen mit dem Wunsch: „Ich schnitt es gern in alle Rinden ein."

Das kleine Symbol des Pfeilherzens ist jedoch nur ein Beispiel für die großenteils unbewußte Wirksamkeit überlieferter anonymer Symbole, die in ihrer Gesamtheit gleichsam ein Sinngitter des ganzen Sprachbereichs bilden, die aber allmählich im Laufe einer Spätkultur einen abstrakten, d.h. einschichtigen Charakter angenommen haben.

DAS SYMBOL IN DER KUNST

Alle Äußerungen in der Kunst lassen sich als symbolische verstehen. Denn für den Künstler ist die Sinneswelt nur Stoff für seine Gestaltungen, den er mit der unendlichen Fülle seiner Gesichte und innern Erfahrungen zu durchdringen und umzugestalten sucht. Aber selbst noch in der subjektivsten Weise seiner Gestaltungen kann der Künstler keineswegs willkürlich vorgehen. Denn in allem Sinnenhaften, allem Blühenden, wohnt eine geistige Kraft, welche bei der Formwerdung des „Stoffes" wegleitend wirkt. Wie bereits erwähnt geht aus dem Zusammenspiel der Sinnenphantasie des Künstlers und der vorgegebenen Geisteskraft der sinnlichen Erscheinung das Symbol hervor, das aus zwei Quellflüssen, dem Innern und dem Äußern, dem Subjektiven und dem Objektiven gespeist wird. Infolgedessen transzendiert jedes Symbol, sei es nach unten-innen in das Sinnenhafte oder nach ober-außen, in den geistigen Bereich. Jedenfalls bewirkt das Symbol in jedem Zustand Grenzüberschreitungen. Es bildet in jedem Falle die Mitte zwischen zwei Welten, die es verbindet und zugleich überschreitet.

Freilich wirkt sich das Symbol nur dann in voller Intensität aus, wenn in ihm wirkliche Gegensätze zur Einheit zusammengeschlossen sind. Dies erweist die Begrenztheit der abstrakten Kunst, deren Sinnenkraft stets eine beschränkte ist und die darum gleich in ihrer transzendierenden Bewegung behindert ist. Denn auch in der Darstellung des menschlichen Leibes sind die abstrakten oder geometrischen Gestaltprinzipien zumindest mitenthalten. Insofern ist von der symbolischen Struktur her die Reichweite der „gegenständlichen" Kunst, welche die Naturformen mit einbezieht, eine weitaus größere als die der sogenannten „abstrakten". Doch grundsätzlich: jede künstlerische Gestaltung beruht auf der Symbolwerdung der Natureindrücke. Hierbei können sich die Symbole unmittelbar als strukturelle Gestalten oder verdeckt und im Bau des Bildes verborgen erweisen.

Gerade die Kunst des 20. Jahrhunderts zeigt die Problematik der künstlerischen Symbolik – vor allem, wenn sich ihr Mangel erweist. Um so prägnanter heben sich darum die Gestaltungen jener Künstler ab, deren Werk ganz und gar auf dem Sichtbaren von Symbolen beruht – deren Bilder geradezu einen Symbolteppich bilden und die darum nicht nur form-farbig geschaut, sondern zugleich auch „gelesen" werden können, ja müssen. Es seien als Beispiele nur drei heutige Künstler genannt: Paul Klee, Max Hunziker und Marc Chagall. Paul Klee hat einen Blütengarten von Symbolen geschaffen, teilweise dermaßen neuartig und phantasievoll, daß bei ihrer Deutung und allerdings nie ganz möglichen Enträtselung das eigne Innere lustvoll in Bewegung gerät. Allen drei genannten Künstlern ist aber der Bezug zu den Engeln eigentümlich. Klee hat allein in seinem letzten Schaffensjahr 60 Engelbilder gemalt und gezeichnet. Aber schon Jahrzehnte zuvor beginnen die Engel in seinem Werke aufzuklingen. Und all diese „Engel“ sind Hieroglyphen, „heilige Zeichen“, die etwas Strömendes der Bildwerke manifest zu machen unternehmen.

Chagall jedoch ist der mit Recht berühmteste Engelmaler unserer Zeit. Wie er in seiner Selbstbiographie „Mein Leben“ schildert, wurde er schon in jungen Jahren, in Jahren der Not, durch eine Vision in die heiligen Zeichen, die in der Gestalt der Engel aufscheinen, eingeweiht. Wesentlich ist aber insbesondere in Chagalls Kunst, daß seine Engel Zeichen einer Botschaft und damit Symbole sind – nicht anders als die mit dem Blütenstaub beladene honigsuchende Biene auf ihrem Rückflug zum Heimatstock.

Gewiß ist die Kunst Chagalls aus andern geistigen Wurzeln gewachsen als diejenige Hunzikers. Denn Chagall verbindet altüberlieferte jüdische Religiosität, vor allem die Diesseitsmystik des Chassidismus, mit den Kräften und Formungen des russischen Volkstums, während Hunziker die Botschaft des Evangeliums, die Tradition der christlichen Kunst, mit der Herbheit des Schweizer Volkstums wie mit den Visionen und Dichtungen des Johannes vom Kreuz zu verschmelzen vermochte.

Es ist offensichtlich, daß für Chagall nicht nur die Engel, sondern auch die Tiere zu Symbolen einer innern Wirklichkeit wurden. Man kann den Weg der Symbolwerdung seiner Tiere ziemlich genau verfolgen, denn, wie Chagall sich äußert, sah er in seinen Kinderjahren diese Tiere im Hofe seines elterlichen Wohnhauses (oder dem seiner späteren so sehr geliebten Gattin Bella) im Getto. Jedenfalls sind die singenden, klagenden, musizierenden Tiere Chagalls reine Symbole, sie sind deren verschlüsselte und zugleich geoffenbarte Botschaft. Doch sein rätselvollstes und zugleich mit dem Herzen zu entschlüsselndes Symbol ist dasjenige der Braut, das auf zahllosen seiner Bilder erscheint – sei es nun die Braut alleine mit dem langen geisterhaften Schleier, mit dem sie der Welt verbunden ist, sei es als Braut und Bräutigam unter dem (jüdischen) Trauhimmel. Dies nur scheinbar passive Symbol steht für Chagalls Erfahrung, daß diese leidvolle Welt von Liebe durchwirkt ist – nicht von einer leiblosen, sondern einer ganz und gar sinnenhaften: „je sinnlicher, desto geistiger."

Diese Dominanz des Brautsymbols in Chagalls Kunst enthüllt aber auch sein Grundmotiv: all die Symbole seiner Bilder sind solche des Eros. Auch wenn er in seinen Kreuzigungsbildern symbolisch das Leiden der Welt und des Menschen heraufbeschwört, kündet doch sein Brautsymbol seine unerschütterliche Überzeugung: Alles ist Liebe – ein geheimer und offener Liebesstrom durchquillt die der Erlösung bedürftige Welt – und wie gesagt nicht ein leibloser, sondern ein ganz und gar sinnenhafter. Im Grunde sind alle Symbole Chagalls erotische von hoher Potenz.

Es ist aber für Chagall wie für Hunziker kennzeichnend, daß sie zwar von ihrer Kenntnis der überlieferten Symbole ausgehen, daß sie aber diese in einer kühnen, originellen Weise neu phantasieren, so daß aus der alten, vertrauten Symbolwelt eine neue, bisher noch nie wahrgenommene hervorblüht. Mehr noch als Chagall gelingt es Hunziker, Tradition und freie, schöpferische Gestaltung im Kerne zu einer unlösbaren Einheit zu verbinden.

Bewundernswert ist Hunzikers Gabe der Erfindung, der Aufspürung von Symbolen. Jedoch hat er, ähnlich wie Chagall, nie die Absicht, solche hervorzubringen. Er hat sie nicht der künstlerischen Form erst hinzugefügt – sie entstehen in seinem Werk zugleich mit der Form, sie sind ein integrierender Bestandteil dieser. Wenn er z. B. auf dunklem Grunde eine leere Krippe sichtbar macht, die vertikal über das ganze Blatt hin von einer weißen Rose überschattet wird, so ist damit mehr über die Krippen- und Höhlengeburt ausgesagt, als wenn der Apparat der traditionellen Krippenherrlichkeit in Anspruch genommen wird. Auch ist Hunziker in seinem späteren Werk dazu übergegangen, oftmals nicht mehr den ganzen Engel darzustellen, sondern nur noch seine Flügel als Symbol seiner Gegenwart aufleuchten zu lassen – als Symbol des Hereinwirkens der göttlichen Botschaft in die bedürftige Welt. So ist auch auf dem Blatt „Verkündigung" ein junges Mädchen zwischen den Engelsflügeln zu sehen. Oder der zitherspielende König David wird, Zeichen der Inspiration, von einem der Flügel berührt. Auf manchen seiner Bilder und Blätter sinkt zuweilen ein vielfach gedrehtes Band von oben bis zum untern Bildrand herab: der durch alle Sphären sich erstreckende Lebensstrom. Des öfteren sieht man auch eine junge Frau damit beschäftigt, die Zeichen des oder ihres Lebens auf dies Band des Lebens einzusticken. Auf zahlreichen Blättern seines Generalthemas der „Psychomachie" ruht oder steht ein nackter Mensch in der Hand eines ebenfalls nackten „Großmenschen" oder Engels – der Mensch in der Hand und Hut der ewigen, weltgestaltenden Mächte.

Jedoch ist das Eigentümliche der Symbolik Hunzikers, daß er die Fülle seiner Symbole der sinnlichen Alltagswelt entnimmt. Wie für den Chassidismus Chagalls wird ihm das Gesamtleben, die gesamte Sinneserscheinung, zum Symbol. Er vermag darum aus einem unendlichen Vorrat zu schöpfen, ohne darum auf die traditionellen Symbole, die in seinem Werk nur am Rande aufleuchten, angewiesen zu sein. Hunziker ist ein Künstler, dem die ganze Welt zum Gleichnis ewiger Wahrheit geworden ist. Für ihn gilt das Wort Goethes: „Ich glaube an einen

Gott, dies ist ein schönes, löbliches Wort. Aber die Welt anerkennen, wo und wie er sich offenbare, das ist eigentlich die Seligkeit auf Erden."

Der Maler, Graphiker und Glasmaler Hunziker ist darum nur zum geringeren Teil ein Tradent der überlieferten christlichen Symbolik, vielmehr der Auffinder neuer Symbole für die alte Botschaft, in denen sie selber neu wird. Er erfüllt damit den Auftrag der Zukunft: das gesamte Leben mit all seinen Höhen und Tiefen als Symbol ewigen Sinnes zu verkünden. Hunziker vermag es, in seinem Werk die Symbole als Elemente einer Alltagssprache sichtbar zu machen – sie wird durch ihn nicht wie oft zu einer von Fachleuten gehüteten und verwalteten und nur durch ihre Kommentare verständlichen Sakralsprache.

ANMERKUNGEN

[1] Siehe Alfons Rosenberg: Zeichen am Himmel. München 1984, Tafel 2: Der Kosmosmensch, dazu den Bildbeschrieb S. 222.
[2] „Wenn Gott Mensch werden konnte, kann er auch Stein, Pflanze, Tier und Element werden, und vielleicht gibt es auf diese Art eine fortwährende Erlösung in der Natur." Novalis, Fragment 653.
[3] Romano Guardini: Die Sinne und die religiöse Erkenntnis. Würzburg 1950.
[4] Auch Christus ist „Ausglanz (oder Abglanz) Gottes"; am Abglanz haben wir also das „Leben" und zugleich den Vorglanz des ewigen Lebens.
[5] Siehe Paul Natorp: Platons Ideenlehre, 1921.
[6] Schriften des Nikolaus von Cusa, Heft 3, Leipzig 1940, S. 54.
[7] Origenes: Hoheliedkommentar III (G. S. VIII, S. 208f.).
[8] Origenes: Genesishomilie I, II nach Hugo Rahner: Das Menschenbild des Origenes, Eranosjahrbuch 1947, S. 211.
[9] Edgar Dacqué: Leben als Symbol, München 1929, S. 7.
[10] Ebenda S. 8.
[11] C. G. Jung: Paracelsica, Zürich 1942, S. 134/35.
[12] Friedrich Kreuzer: Symbolik und Mythologie der alten Völker. 1819.
[13] J. J. Bachofen: Oknos, der Seilflechter, Leipzig 1926.
[14] Origenes: Genesishomilie I, 12.
[15] Siehe hierzu W. E. Peuckert: Die Rosenkreuzer, Jena 1928.
[16] Siehe „Weisheit des Talmud", hrsg. v. A. Rosenberg, O. W. Barth Verlag
[17] Jung-Kerényi: Einführung in das Wesen der Mythologie, Amsterdam 1942.
[18] J. J. Bachofen: Oknos, der Seilflechter, S. 355.
[19] C. G. Jung und K. Kerényi. Das göttliche Kind, Zürich 1940, S. 15.
[20] K. Kerényi: Was ist Mythologie? Europäische Revue, Juni 1914, S. 572.
[21] F. W. Schelling. Einleitung in die Philosophie der Mythologie, 1856, S. 193/195.
[22] C. G. Jung: Psychologische Aspekte des Mutter-Archetypus, Eranos-Jahrbuch 1938, Zürich, S. 404. „Archetypus ist nichts anderes als ein schon in voraugustinischer Zeit vorkommender Ausdruck, welcher mit „Idee" im platonischen Sinn synonym ist."
[23] C. G. Jung, Symbolik des Geistes, Zürich 1948, S. 374.
[24] Jung-Kerényi, Einführung in das Wesen Mythologie, Amsterdam 1942.
[25] C. G. Jung: Psychologie und Religion, Zürich 1940, S. 88.
[26] Walter Schubart: Religion und Eros, München 1941.
[27] J. von Görres: Christliche Mystik, Regensburg 1842, 4. Bd.

Symbole
als Urphänomene

Eine Folge von Ursymbolen mit 24 Bildern

Die antiken Griechen unterschieden im schöpferischen Prozeß zwei Phasen, die sie einerseits in der Gestalt des Prometheus, des „Vordenkers", anderseits in der seines Bruders Epimetheus, des „Nachdenkers" symbolisierten. Prometheus erzeugt die grundlegenden Impulse, Gedanken und Gestalten, Epimetheus erbaut auf diesen die Fülle des Ableitbaren und Variierbaren. Prometheus ist demnach das Symbol des Erstschöpfers, Epimetheus das des Vervielfältigers auf Grund eines vorgegebenen Entwurfes. Diese Unterscheidung ist kennzeichnend für den Gesamtablauf des schöpferischen Prozesses, dessen „Tempel" gleichsam auf den Säulen jener Ursymbole ruht, die sich sodann tausendfach vervielfältigend und variierend unser gesamtes Bewußtsein und Weltbild strukturieren. Alles menschliche Gestalten setzt die Existenz solcher Ursymbole voraus. So wird die Sprache grundgelegt durch die Vokale, die man als tönende Ursymbole bezeichnen kann. Zu Sätzen formen sich diese z. B. im Schöpfungsbericht des ersten Kapitels der Genesis, nach welchem der Schöpfer „sprechend", das will sagen: tönend die Gestalten der Geschöpfe aus dem Nichts hervorruft. Die tönenden Ursymbole mögen seltener als die bildnerischen sein. Die letzteren werden wohl die Mehrzahl der Ursymbole ausmachen. Sie sind gleichsam Hieroglyphen und damit die Grundlage der frühen Bilderschriften der Menschheit. Denn die Ursymbole sind der Mutterschoß jeglicher Schrift. Man könnte darum jene primären Symbole als die Urschrift verstehen. Unwillkürlich evozieren wir jene Ursymbole, wenn wir Wesentliches mitzuteilen wünschen, sie sind der geheime Filter für alles Mitzuteilende und damit die Brücken des Kontaktes.

Diese Ursymbole, Grundlage für alle aus ihnen ableitbaren, sind allgemeinverständlich, jedes Kind vermag sie ohne Belehrung zu verstehen, denn sie entstammen der noch ungeteilten Kindheit des Menschlichen. Darum sind sie unausschöpflich, denn immer neue Bedeutungsschichten sind in ih-

nen übereinander gelagert. Sie sind vielschichtig wie die ewige Weisheit und doch zugleich von kindlicher Einfachheit. In ihnen spricht das Leben ohne Umschweife, das Leben selber ohne Spekulation. Es ist darum auch nicht zufällig, daß die Texte der Heiligen Schrift ohne Adjektive geschrieben sind, die Substantive ohne Adjektivkommentare aneinander reihend. Ähnliches gilt auch für die Ursymbole, die einfach und zugleich hintergründig Wesentliches berichten, welches auf verschiedensten Ebenen, psychologischen, sachlichen und göttlichen zugleich Ereignis wird. Die Ursymbole fordern vor allem den Betrachter auf, zu schauen: hier das Auge – schau! hier die Welt – schau! hier die Wolke – schau! hier Sonne und Mond – schau! Und in solchem kommentarlosen Schauen verändert sich der Mensch, da das schauende Auge nicht nur ein psychisches, sondern gleichzeitig ein geistiges Organ ist. Der Mensch schaut mit dem Auge – aber er ist zugleich ein Wesen, ausgestattet mit der Kraft schauenden Geistes, wie dies Paulus im Römerbrief 1.19, 20 deutet, wenn er schreibt, daß der Mensch mit Hilfe des „nous" an allen geschaffenen Gestalten die Göttlichkeit und Gotteskraft wahrzunehmen vermag.

Die Ursymbole sind darum die Ursache jeglicher Symbolik. Wer ihrer innegeworden ist, hat damit den führenden Stab gefunden, hat den leitenden Blick gewonnen, mit welchem er sich durch den ganzen Bereich des bildhaften Erkennens, durch den Bereich des sinnenhaft gewordenen Geistes hindurchzufinden vermag. Michael Eberle, der junge Maler-Graphiker, hat mehr als zwanzig der Ursymbole auf seine besondere Weise ins Bild gesetzt (in einer ihm eigenen Technik), und hat ihre einfache Hintergründigkeit auf diese Weise anschaulich werden lassen.

Der Betrachter wird auf den ersten Blick feststellen, daß fast alle hier gezeigten Symbolbilder die Kreisform zur Grundlage haben. Der Kreis ist das Zeichen des göttlichen Bereichs, der göttlichen Vollkommenheit. Der Kreis ist der

Ort des in sich ruhenden Gottes – aus ihm als Zeichen und Situation geht alles hervor, zu seiner Vollkommenheit strebt auch alles wieder zurück. Denn was aus dem Ganzen hervorgeht, ist stets bruchstückhaft, fragmentarisch und sehnt sich darum nach Fülle und Rundung. Darum ist der Kreis, ohne Anfang und Ende, Beginn und Ziel alles Geschaffenen. Der Kreis, der in den meisten der Darstellungen in der Mitte zentriert ist und zugleich das Gestaltete umgrenzt, ist darum nicht bloß ein geometrisch-ästhetisches Element, sondern stellt einen wesentlichen Ausdruck des geistigen Prozesses dar. Das wird ein jeder verspüren, wenn er diese Bilder nicht nur analytisch, sondern meditativ betrachtet, wenn er sich in die Kreisbewegung einbeziehen läßt.

DIE VIER ELEMENTE

Das klassische Quartett Luft, Feuer, Wasser, Erde, bereits in der Antike zur Charakterisierung der Aggregatzustände des Stoffes verwandt, entspringt einer andern Sinngebung als jene, die im Laufe der letzten Jahrhunderte zur Entwicklung des vielfältigen Elementenkosmos geführt hat. Es handelt sich vielmehr um die Symbolisierung des allem Geschöpflichen zugrundeliegenden Werdeprozesses, um Grundzustände des Werdens. Diese vier „Elemente" sind an der Gestaltwerdung aller Erscheinungen beteiligt – wenn auch jeweils in mengenhaft unterschiedener Weise. Aus dem Wasser ist die ganze Schöpfung, ist der ganze Mensch geboren. Aber der Mensch darf nicht einfach im Laufe seines Lebens zurücksinken in das Wasser, das alles Gestalthafte ins Licht entlassen hat und doch wieder einzusaugen sucht. Denn nach Heraklit „ist es der Seele Tod, zu Wasser zu werden". Des Feuers, der Wärme bedarf zwar alles Lebendige. Aber ein Übermaß davon führt zur Zerstörung, nämlich zur Verbrennung der Gestalt. Die Glut der Leidenschaften löst die aus dem Dunkel herausgetretene individuelle Gestalt auf. Doch ohne Wärme vereist diese – das bloße Skelett, die reine Funktion bleibt als Rest. Ohne Luft gibt es keinen Spielraum – sie ermöglicht die Unbegrenztheit, in der der Mensch nach allen Richtungen, je nach Notwendigkeit, ausfahren kann: durch die Luft wird der Mensch zum Spieler und Tänzer.

Aber alle „vorbereitenden" Elemente sammeln sich auf oder in der Erde. Was zuvor bloße Möglichkeit war, wird hier fest umrissene Wirklichkeit. Die Erde ist das dramatische Spielfeld der Elemente. Aber zugleich wirkt sie als Beschränkung, Abgrenzung – und das führt, bei aller Lust, die es auslöst, zum Tode. Hier ist das Ende angekündigt, das neuen Kreislauf ermöglicht, wodurch Verlust Gewinn wird.

„Die Erde" erscheint hier als dunkle Kugel, deren oberer Rand von einer geheimen Lichtquelle derart beleuchtet ist, daß dieser Teil von einem schmalen Lichtstreifen umrandet wird – der erste Anfang einer noch im Schoß der Erdkugel verborgenen Fruchtbarkeit.

Weil aber die vier „Elemente", das Elementare des Lebens, am ganzen Menschen grundlegend beteiligt sind, könnte man sie auch den „zerteilten Menschen" nennen. Eine Andeutung davon ergibt sich aus der Paradiesesgeschichte der Genesis, wo davon berichtet wird, daß sich der aus der noch wüsten Erde aufsteigende Wasserstrahl in vier Flüsse teilt, welche die Erde befruchten, das will sagen, zu ihrer zwar vielfältigen aber einheitlichen Gestalt verhelfen. Das Bild des Wassers zeigt das unendlich Bewegliche, den Stoff ohne Bindung, das Quirlende in Bereitschaft zur Gestaltwerdung, dem sich der vielfältige Fluß des Wassers noch immer zu entziehen sucht. Die Erde in ihrer Ganzheit entspricht darum dem Ganzen des Menschen. Der Mensch ist nicht nur aus Erde, dem festen Stoffe, geformt, er ist auch deren Entsprechung und Spiegelbild.

DIE GEBURT DER ERDE

Der Geist Gottes, so beginnt die Symbolisierung des Geburtsvorganges der Schöpfung, lagert über dem dunklen Urwasser. Aber die lichte Schöpferkraft des Seins ist am Werke. Sie zeigt sich als der lichte Kreis, der über dem dunklen Nichts schwebt. In diesem aber steigt aus dem Urwasser etwas wie ein amorpher Fels auf, Symbol der noch ungestalteten Erde, die aus dem „Wasser" hervortaucht – ein Bild von „im Anfang". Dieser Zustand ist der vielleicht geheimnisvollste von allen: das Nichts verdichtet sich zur Gestalt – ein Zustand, der sich nicht nur einmal „außen" ergab, der sich vielmehr auch „heute" immer erneut im Menschen vollzieht. Immer von neuem wird die Welt im Menschen, wird der Mensch zur Welt geboren. Die „Geburt der Welt", die „Geburt zur Welt" ist das Mysterium des Anfangs.

AUS DEM WASSER STEIGT DIE SCHLANGE

Die Schlange ist eines der ältesten und häufigsten Symbole der Menschheit. Mit der Schlange mußte sie viele Jahrtausende lang leben, mit ihr Tag- und Nachtträume teilen. Sie war (und bleibt) nicht nur des Menschen Gefährtin, sondern auch seine Bedrohung und auch seine Führerin. Denn wenn auch in der Genesis die Schlange nur als Verderberin und Verführerin erscheint, so wissen andere, nicht minder erleuchtete Kulturen von ihrer hilfreichen Gegenwart und von dem Segen ihrer Weisheit. Ihr ist mehr Einheit zugeordnet als dem Menschen, denn noch sind ihr keine Glieder eigen – darum ist sie Ausdruck des noch ungespaltenen Lebens. Sie ist, wie dies babylonische Siegelzylinder zeigen, dem Paradiesbaum, ja geradezu als Wächter, zugeordnet – auf diesen Siegeln steht sie aufrecht wie der Baum selber. Und doch zeigt sich in ihr schon ein erster Zwiespalt an – wie dies auch unser Bild andeutet. Denn die Schlange ist geprägt vom Prinzip des Runden und insofern noch dem heilen Anfang nahe. Aber ihre Rundheit, die Schlinge, die sie bildet, ereignet sich vor dem eckigen Quadrat, das zwar auch ein Heilszeichen darstellt, aber doch im Gegensatz zum „Runden“ steht. Aus Gegensätzen ist die Welt gebildet – aus solchen, die sich nie vereinen lassen. Doch gerade durch diese in Gestalt und Bewegung gründenden Gegensätze geht die unendliche Fülle aller Formen und Gestalten hervor. Freilich – für die eine Kultur wurden sie gewertet als Last und Verführung, für die andere als Offenbarung göttlicher Kraft und Herrlichkeit. Doch je nach dieser Anschauung haben sich sodann die Religionen ausgebildet mit ihrer Abwendung und Verteufelung oder der Verehrung und Heiligung der Sinnenwelt.

DER BAUM DES LEBENS

Das schönste und beglückendste Symbol, reich und fruchtbar an Gestalt und Wirkung, ist der Baum, der heilige, nährende, lebenspendende Baum, der in sich alles Lebens- und Liebenswerte zusammenfaßt – uralt als Zeichen des Anfangs und zugleich als Dauer des Fruchtbaren bis zum Ende, ja, wie dies die Apokalypse berichtet (Apokal. 22) über jegliches Ende hinaus. So erscheint der Baum als Ewigkeit im Vergänglichen, das unlösbare Ineinanderwirken der Gegensätze. Unverwelklich ist seine Blätterpracht, Monat um Monat wechseln seine Früchte, wie dies in der Apokalypse geschildert wird. Er ist für den Menschen Vater und Mutter, zeugend und bergend. Sein Schatten birgt ihn vor der Sonnenglut, sein Blätterkleid vor Sturm und Regen, aus seinem Holz erbaut der Mensch sein Haus, die Wiege wie den Sarg. In seinen Ästen wurde einst der Mensch zur Ruhe bestattet. Und dies besagt: für den Menschen sind im Baum und darum auch in seinem Symbol, Leben und Tod vereint. Noch tiefergreifend ist darum der Baum ein Versprechen, über das auf den Regenbogen bezügliche hinaus, daß Leben nie enden soll. Er ist darum schlechthin das Zeichen des Heils.

Auf unserm Symbolbild steht der Baum „in der Mitte“. Immer ist Mitte, wo er aufragt. Von ihm aus fließen die in der Genesis erwähnten „vier Flüsse“, die Wasser des Lebens, ohne welche der Baum ja nicht gedeihen kann, die er aber, alles Unfruchtbare ernährend, aus seiner Mitte aussendet. So bringt er das formlose Wasser, ohne das es kein Leben gibt, zu farbiger Gestalt. In seiner Einheit ist freilich die Zweiheit, nicht als Spaltung, sondern als Spiel der Gegensätze, die dem einheitlichen Baum des Lebens Richtung und die erste gottgewollte Differenzierung verleihen. Schon ist damit die Schlange, nicht als Dämon, sondern als Umfassung der Gegensätze angedeutet.

DIE WELLE

Wasser im Urstand ist gleichsam eine glatte Fläche über unermeßlicher Tiefe, es ist in diesem Urzustand identisch mit dem abyssus, dem Abgrund des noch Ungeformten und Unbewußten. Aber empirisch wird der Mensch dem Wasser stets in der Weise der Welle begegnen, sei es nur als ein Kräuseln der Oberfläche oder gewaltiger Wellenschwall. Die Welle ist darum das Symbol des erdumfließenden Wassers. Und als Welle ist es als symbolisches Ornament, so z.B. als in sich selber zurücklaufende Mäanderlinie, in die religiöse Symbolik aller Völker eingegangen. Sie ist das Symbol unendlicher Erneuerung, die jedoch nie beharrt, sondern im Werden schon den Keim des Vergehens in sich trägt. Doch die Vergänglichkeit der Welle ermöglicht zugleich die Kontinuität des Lebensverlaufes. Die Welle zeigt an, daß es keinen Tod gibt, daß aus dem Vergehen immer erneut Leben und Gestalt geboren wird. Sie taucht zurück in den Grund, aus dem sie hervorgegangen. In Schönheit erhebt sie ihr Haupt, doch klaglos taucht sie in den Grund der Geburt zurück. Doppelt erscheint sie in diesem Bild – denn während die eine Welle sich anschickt, zu vergehen, beginnt bereits die nachfolgende aufzurauschen.

DIE PERLE

Sie ist der Inbegriff des Runden, des sanft Leuchtenden, der Vollendung – das kostbar aus dem Meer geborene Juwel. Sein eigentlicher Geburtsschoß aber ist die Muschel, aus deren Härte und allerdings auch schützenden Dunkelheit sie gleichsam als Lichtfunke hervortritt. Doch dieses makellose Gebilde ist durch das Leiden bewirkt. Denn bekanntlich entsteht die Perle durch einen in die Muschel eingedrungenen Fremdkörper, den das Muscheltier nach und nach mit Schichten hauchdünnen Kalkes umgibt. In diesen Kalkschichten irisiert das Licht. Die Perle ist demnach in Beständigkeit überführtes, unendlich mild strahlendes Licht. Darum steht hinter ihrer Reinheit und Schönheit stetsfort das Leiden. Die Perle ist das Symbol der Metamorphose des Leidens in Freude und Schönheit.

DIE ROSE

Die Rose ist ein Bild der Vollendung: Duft, Farbe, Gestalt des Blütenkelches bilden den Einklang der Schönheit. Alle Welten einen sich in der Rose – sowohl das hiesige Leben wie das jenseitige. Darum gilt die Rose als Symbol des dem Leben verschwisterten Todes. Es handelt sich hierbei aber nicht um den Tod mit seinen Schrecken und der Bereitung des Endes, sondern um den sanften Tod, der das ewige, das selige Leben eröffnet. Darum wurden oftmals die Grabnischen der Katakomben mit Rosenranken ummalt, um zu symbolisieren, welch einen Tod der Dahingegangene erwartet hatte: eben den Beginn des äonischen Lebens. Diese Ewigkeitsrose ist aber auch ein Symbol der Urrose; die tausendblättrige war rot – und dies ist die Lebensfarbe. Aber selbst diese Farbe ist ein Zeichen der Vollkommenheit, denn Rot weist auf rota, das Runde, auf die Kreisform, die stets ein Signum des Göttlichen ist, und dies betrifft ganz besonders die Gestalt der Rose. Darum ist die Rose auch zum Symbol Christi und Marias geworden: „Es ist ein Ros entsprungen aus einer Wurzel zart." Und Maria wird dargestellt mitten im Rosenhag sitzend, als Rose ohne Dornen.

DIE BRÜCKE

Alles Leben bildet sich aus Gegensätzen. Aber diese trennen auch das als eine Einheit gemeinte Leben. Was die Gegensätze, die getrennten Ufer, verbindet, ist die Brücke. Wer es vermag, Brücken zu schlagen zwischen den getrennten Ufern, dient der Einheit, vermag das Entfernte anzunähern. Er ist ein Pontifex, und das will sagen: ein Priester, der die ewige mit der vergänglichen Welt, die Geschlechter und Zeiten zu verbinden vermag. Der „strebende" Mensch ist stets in Gefahr, das Eine, auf dem alles beruht, auseinanderzuscheiden. Nur der priesterliche Mensch, der im Gesamt der Menschen immer in der Minderzahl sein wird, ist imstande, das Geschiedene wieder zu verbinden. Denn der priesterliche Mensch wirkt nicht für sich selber, sondern für alle. Darum sind die steilen Felsen der Ufer, zwischen denen der Fluß dahinfließt, eine Herausforderung für den Menschen, den Bogen der Brücke auszuspannen. Diese Situation lehrt: Erst der Abgrund ruft den Menschen zur Überwölbung. Infolgedessen ist das Ursymbol der Brücke, das auf nichts Vorgängiges rückführbar ist, ein Zeichen der Hoffnung auf Zukunft, daß nämlich die Unvollkommenheit der Dinge und Situationen durch die Ausrichtung des Menschen nach vorne überwindbar ist.

In zwei Phasen erscheint hier das Ursymbol der Brücke, das will sagen: in zwei Phasen der Gestaltwerdung und der Bewußtwerdung. In einer archaischen Frühphase bildete nur ein roher Baumstamm die Verbindung zwischen den Ufern – eine Kulturtat ersten Ranges, denn diese „Brücke" machte Gemeinschaft und gegenseitige Hilfe möglich. Das zweite Bild zeigt hingegen eine gewölbt gespannte Brücke, wie sie die Antike ausbildete, eine der Voraussetzungen für die Bildung großer Reiche und völkerverbindender Landstraße.

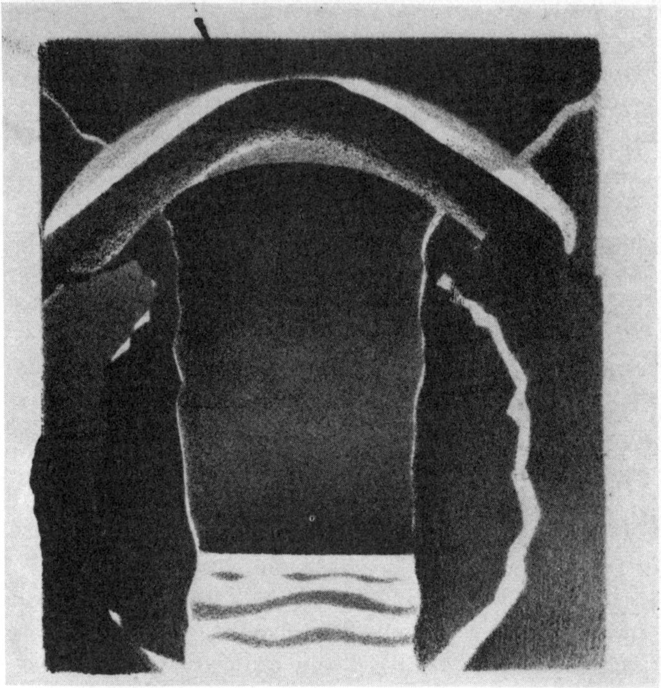

DER BERG

Einstmals mag die Erdoberfläche flach gewesen sein. Durch eine gewaltige krampfartige Bewegung in ihrem Innern, die man sich vielleicht ähnlich vorzustellen haben mag wie die Geburtswehen der Frau, haben sich die Berge und Faltengebirge ihrem Schoße entrungen. Seitdem ist die Erde gegliedert, nicht nur in Kontinente, sondern auch in Höhen und Tiefen. Während sich der Mensch in den Tälern bescheidet und in täglicher Mühe der Erde das Wachstum der Nahrung entringt, leitet der Berg seinen Blick, den unfruchtbaren Felsen entlang, zur Höhe – zum Wohn- und Thronsitz der Götter, welche über dem Schicksal der Menschen walten. Einer uneinnehmbaren Festung gleich ragt auf dem Bild der heilige Berg aus dem Erdfundament. Mag dieser in einer Spitze gipfelnde Berg nun aus Eis oder Eisen gebildet sein – in jedem Fall erscheint er als das Urbild des Festen und Unerschütterlichen, aber auch des Unwandelbaren. Wenn auch sein Fuß von Dunkelheit umfangen ist, so sammelt sich in seiner Spitze das Licht. Er zeigt den Menschen das Frühlicht an, das, wie im letzten Kapitel der Apokalypse verheißen, dereinst den ganzen Bereich der Schöpfung erfüllen soll. Innerweltlich, innerseelisch ist aber schon jetzt der Mensch gefordert, dies vorzuvollziehen: die Festigkeit des Gesetzes ist die Spielbühne des Lichtes.

DAS SEHENDE HERZ

Aus der Hülle des göttlichen Kreises tritt das Herz hervor – die Mitte des Menschen (und dies nicht nur in der Symbolik der Bibel), in der alle Ströme des Lebens zusammengefaßt sind. Es hat durch seine Form und seine Funktion Ähnlichkeit mit dem Kreis, aus dem es geboren wurde. Es ist darum selber kreisartig als ein Organ annähernder Vollendung. Rilke würde es nennen „Mitte aller Mitten". In der Bibel wird es so verstanden: das Herz ist der Mensch; so wie es beschaffen ist, ist auch der ganze Mensch. „Ich habe dich von Herzen gern" bedeutet darum: „Ich trage dich im Herzen." Alle Wärme des Menschen wird vom Herzen bestimmt, darum lodern Flammen aus dem Herzen, durch sie „spricht" das Herz zum Herzen. Doch das bloße Herzsein, so zentral es auch sein mag, genügt nicht. Denn, wie der ganze Mensch, ist von Geburt an das Herz verschlossen, uneröffnet. Es ist darum die eigentliche Revolution im Menschen, wenn sich ihm, durch das Erlebnis der „dunklen Nacht", durch Leiden oder übermäßige Liebe, das „Herzensauge" eröffnet, der Mensch wird sehend, er wird erleuchtet. Denn wie das Auge ist, so ist der ganze Mensch. Erst jetzt vermag Güte, Weisheit, Demut und Erfassen des Du aus dem Herzen hervorzuströmen. Jetzt wird der Mensch zum Herzensmenschen, einfach, zentral, beständig und schenkend. Denn das Herz, in dem sich bisher die Emotionen sammelten, wird nun zu einer Schatzkammer, die göttliche Kräfte und Wirkungen zu vergeben vermag. Kurzum, das Herzensauge ist das grundlegende Ursymbol der Erleuchtung. Das Herz ist licht geworden (denn Auge und Licht entsprechen sich), und vermag nun, die Welt zu durchlichten.

DAS TOR

Das Tor, der betonte Eingang zum Haus, zur Scheune, zur Burg trennt und verbindet zwei Welten – durch das Tor entsteht ein Außen und Innen, der freie, unumschränkte und der gebundene, beschränkte Raum. Durch den dunklen Bogen des Tores verläßt und findet man seine Welt, der Mensch verläßt durch den Überschritt den Bereich der Freiheit und tritt ein in denjenigen der Geborgenheit. Die Situation ist bedeutend: es ergibt sich, daß es für den Menschen einen Bereich der Geborgenheit gibt. Doch dieser muß beschützt und befestigt sein, denn sonst löst sich die Geborgenheit, die er gewährt, unter dem Ansturz der fluktuierenden Weltmächte auf. Anderseits ist das Ursymbol „Tor“ auch ein Bild der Berufung. Denn der Durchschritt durch dieses kann nicht erzwungen werden – es öffnet sich nur dem Berufenen, der dadurch durch die Dunkelheit (der Toreinfahrt) zum innern Licht gelangt.

DIE WEINTRAUBE

In der Weintraube verkörpert sich auf das innigste das Mysterium von Tod und Leben. Stammlos wächst die Rebe im Gewühle der sich Rankenden – sie bedarf der Stützung, schon um die Last ihrer Trauben zur Reife zu bringen. Man kann diese aus vielen Beeren gefügte tropfenförmige Traube die zweimal Gestorbene, jeweils auf höherer Ebene Wiedergeborene nennen. Von der Rebe geerntet und getrennt wird sie mit ihren Genossinnen zusammen „getötet", gepreßt und ihres köstlichen süßen Traubensaftes beraubt – dies ist ihr erster Tod. Dem folgt aber der zweite im Prozeß der Gärung, in welcher der aus dem Wachstumsprozeß der Reifung und Verflüssigung hervorgegangene Saft noch einmal „untergehend" eine chemische Wandlung erfährt. Dies ist der Rohstoff des geisthaltigen und darum auch begeisternden, in eine höher gespannte Stimmung versetzenden Weines, der durch Tod und Wiedergeburt hindurch erst die volle vielschichtige Wirklichkeit symbolisiert. Die Wiedergeburt des sinnlichen Lebens im ewigen und unsterblichen hat darum den „doppelten Tod" zur Voraussetzung. Durch dies wird der Tod zum höchsten Genuß und zur Verklärung des im lust- und leidvollen Werdeprozesses Herangewachsenen – die erste und letzte Sinngebung des Wandlungsprozesses, wie ihn verschiedenartig jede Religion zu künden weiß.

DAS KREUZSYMBOL

Wie bereits im ersten Teil dieser Darlegung vorgestellt, ist das Kreuz das Universalsymbol der gesamten menschlichen Geistesgeschichte. Es ist das älteste und zudem einfachste von allen Zeiten und von allen Religionen in Anspruch genommene Heilszeichen. Seitdem es vor Jahrtausenden begonnen hat, die Menschheit zu begleiten, hat es nicht aufgehört, die Menschen zu trösten und ihnen das von der Gottheit verheißene Heil zu verkünden. Denn das Ursymbol des Kreuzes ist das reinste und unbedingteste aller Heilszeichen, gleichsam ein Tag ohne Abend, ein Licht ohne Schatten. Das Kreuz spendet als Ursymbol Wärme, Licht, Leben, Befreiung, Geborgenheit, Einheit der Vielheit, und das will besagen: Überwindung jeglicher Spaltung – mit einem Wort: das Kreuz kündet und wirkt Erlösung. Es wurde schon darauf hingewiesen, daß dies einfachste aller Zeichen zugleich auch das wandlungsfähigste ist. Von keinem andern Symbol und schon gar nicht von einem Ursymbol gibt es derart viele Variationen. Wir haben aus dieser Vielzahl nur zwei einander gegensätzliche ausgewählt. Das eine Steinkreuz erinnert an ein solches auf der Insel Bornholm. Es ist wie jedes Urkreuz gleichschenklig, schwer und steinern massiv streckt es seine Arme aus und birgt in seiner Mitte nochmals ein Kreuz, aber im Sonnenkreis, es sind demnach zwei Kreuze ineinandergefügt. Wie ein Berg, wie ein Grenzstein erhebt sich dies Gesamtkreuz über der hügeligen Landschaft.

Das zweite Kreuz, das hier im Bilde erscheint, ist ein doppeltes. Das dunklere, mit den Liliensprossen am Ende jedes Kreuzarmes versehene statische Herrenkreuz ist gekreuzt mit dem helleren Andreaskreuz. Dies Doppelkreuz schwebt wie ein Stern über der Welt, lichtspendend und den Bestand der göttlichen Schöpfung verheißend.

DIE HÖHLE

Die Höhle ist das Ursymbol für die verborgene Tiefe der Schöpfung, aber auch, in Analogie hierzu, für die Tiefen der Seele. Alles Große und Lebendige hat seine Wurzeln im Verborgenen, in der Tiefe des Abgrunds, der zugleich Geburtsschoß und Grab bedeutet. Die sichtbare Welt erscheint uns glatt und handhabbar. Aber in Wirklichkeit ist sie zerklüftet, denn es gibt eine Welt unter- und innerhalb der Welt. Von dieser Höhlenwelt wissen wir im Alltag nichts oder doch nur wenig. Erst, wenn einmal der Boden unter unsern Füßen einbricht und sich erweist, daß eine vielgestaltige Welt unter unsern Füßen sich erschreckend auftut, weil wir, um uns zu sichern, die Gegenwelt (oder wäre besser zu sagen: die Urwelt?), die für uns Wesen im Lichte zur Unterwelt geworden ist, aus unserm Bewußtsein ausgeschlossen haben. In dieser Höhlen-Unterwelt herrschen andere Gesetze als in der bewußtseinsnäheren Oberwelt. Märchen und Sagen, diese Wahrheitsahner, wissen zu berichten, daß in diesen dunklen Klüften Schätze verborgen sind, sei es von Anfang der Welt an oder durch spätere Geschlechter, welche sie nicht mit ihren Zeitgenossen teilen wollten. In diesen Höhlen leben auch augenlose Geschöpfe, denn da dort kein Licht wirkt, vermochten sich auch keine Augen auszubilden. Die Augen sind eine Antwort auf das Licht, Geschöpfe des Lichts. Aber im Dunkel werden die Ursprünge bewahrt – sie sind verborgen als die Reserve des Tags, in dem das Verborgene, vom Bewußtsein stimuliert, heißhungrig verzehrt wird. Dennoch: wir müssen aus der Hypertrophie immer wieder in das Dunkel der Höhle tauchen, schon um den zu finden, der als Kind das Licht in der Nacht erblickt hat. Christus, das Licht der Welt, ist ein Kind der Höhle, aus der er, zur vollen Menschengröße heranwachsend, als Gottes Ikone und Gegenwart über die Erde zu wandeln vermochte.

DAS SCHIFF

Es gehörte zu den kühnsten Taten des Menschen, als er sich in früher Zeit von der Erde löste, um auf schwankenden Brettern das Meer zu befahren, zuerst an den Rändern der Küsten, dann auf dem für das Auge uferlosen Meer. Damit aber fuhr der Mensch gleichsam sich selbst voraus – die ihm bisher verborgene Zukunft tat sich ihm auf. Die Antriebskraft des Schiffes war die Sehnsucht, in der Ferne das Wunderbare zu entdecken, war die Hoffnung auf das Erlangen der Freiheit des größeren Lebens. Mit der Schiffahrt begann die große, noch heute nicht abreißende Serie der Grenzüberschreitungen. Doch der Preis hierfür war der Einsatz des eignen Lebens, das wagemutige Spiel mit dem Tode. Und da auf die Dauer die Muskelkraft, welche die Ruder bewegte, nicht ausreichte, wurde wohl erstmals in der Geschichte der menschlichen Technik eine kosmische Kraft zu Hilfe genommen: die des Windes. Mit den windgeblähten Segeln eroberte sich der Mensch die Weite des Erdballs, entdeckte er erstmals das mythische Weinland, nämlich Amerika, längst vor Kolumbus. So wurde das Schiff zum Ursymbol der von Wagemut genährten Hoffnung, einzig den Wasserabgrund unter, den Gott, der seine Sonne über Gerechte und Ungerechte scheinen läßt, als Windvater über sich.

Aber das Schiff ist auch ein Gefährt des Göttlichen – auf straßenlosen Weiten fährt der gegenwärtige Gott in unser Leben ein. Der Mystiker Tauler faßt diesen unbegreiflichen Vorgang in den Vers des Liedes: „Es kommt ein Schiff, geladen ...“ Gott begleitet nicht nur den tollkühnen frühen Schiffer, er ist selber die Last, die dieser auf dem Meere, um den Erdball fährt.

SONNE, MOND UND STERNE

Diese drei Planetenmächte werden nicht zufällig oft gebündelt, d. h. zusammen genannt. Denn sie sind in dieser Bündelung der Inbegriff des Himmels, des ganzen Universums, das von den Lebewesen der Planeten und Sterne, mitsamt der Sonne, von deren Kraft wir leben, besiedelt wird.

Man könnte freilich diese Himmelslichter einzeln nennen. Doch sind sie in ihrer Wirkung so eng miteinander verbunden, daß sie nur vom analytischen Verstand auseinanderzuschauen sind. In Wirklichkeit stellen sie ein großes Spannungsfeld dar, eine Einheit, als die sie uns, wenn auch in verschiedener Weise, sowohl tags wie nachts sichtbar sind. Sonne, Mond und Sterne sind darum das universale kosmische Spielfeld, auf dem sich die Kräfte des Universums treffen und mischen und ihre Lichterspiele aufführen. Die Griechen sprachen von einem Reigen der Gestirne.

Und dieser spiegelt sich wider im Innern des Menschen, in dem Bewußtes und Unbewußtes ständig in der verschiedensten Weise einander durchdringen und mischen, wobei am Tage das Sonnenhafte, des Nachts das Mondhafte jeweils vordringlich ist. Jedenfalls bildet diese die Erde überwölbende Lichterwelt die Muschelschale, in der sich die Perle „Mensch“ auszeugt. Im Ursymbol des Himmels „Sonne, Mond und Sterne“ erscheint dieser ganze Komplex zusammengefaßt und darum faßbar.

DIE WOLKE

Die Wolke ist das Symbol der Verborgenheit der Wahrheit in der Welt und im Menschen, bevor sie sich anschickt sich über der Welt zu entladen. Sie ist gleichsam schwanger mit einem zuvor nicht wißbaren Inhalt. Sie weist darum auf Künftiges, das der Erde oder dem Geiste des Menschen hinzugefügt diese erst fruchtbar macht. Dies aber kann erst geschehen, wenn das „himmlische Wasser", deren Behälter die Wolke ist, über alles Lebendige ausgegossen worden ist.

Die Wolke ist darum das Symbol der Vorbehaltenheit Gottes: das Symbol des verborgenen Gottes, welcher der Welt nahe ist. Wenn aber einer berufen ist dem verhüllten Gott unmittelbar zu begegnen, dann drängt es ihn „hinaufzusteigen" um in die Wolke einzudringen. Hierzu fühlte sich Mose gedrängt – er stieg den Berg hinauf und fand Einlaß in die Wolke, um dem „Verborgenen" zu begegnen. So wurde er selber zum „Verborgenen". Als er aber wieder aus der Wolke hervortrat, um zum wartenden Volke hinabzusteigen, leuchtete sein Antlitz – denn er war Gott begegnet. Anderseits öffnet sich die Wolke nicht nur zur Offenbarung des Verborgenen und Künftigen, sondern verhüllt auch das sichtbar Bestehende. So beschließt z. B. eine Wolke, nach Apostelgeschichte 1.9 den Erdenwandel des Auferstandenen, indem sie ihn in sich aufnimmt und ihn so den Blicken der Jünger entzieht. Das will sagen: der in der Verborgenheit wohnende Gott tritt zwar zu seiner Offenbarung aus der Wolke hervor, kehrt aber nach dem vollendeten Werk wieder in diese, d. h. in die Unsichtbarkeit zurück. Doch die Wolke beschützt auch das Heilige oder das Innere des Menschen. Während des Wüstenzugs der Juden umlagert sie schützend das Heiligtum des Stiftzeltes und auch später noch das „Allerheiligste", die Bundeslade der göttlichen Gegenwart.

DER ADLER

Der Adler ist der „König der Vögel", das will sagen, der schnellste, der zu höchst fliegt und der, der Sonne nahe, mit scharfem Blick alles überschaut. Insofern ist er ein Gottessymbol und zugleich dessen Spiegelung im Menschen. Der Mensch ist, wie der Psalm es formuliert, zwar nur ein Geringes unterhalb der Engel stehend gestaltet, aber er ist Gott ähnlich durch die Klarheit seines Schauens und Denkens. Der Adler ist ein Ursymbol insofern, als es hinsichtlich der geschöpflichen, unter dem Zenit „fliegenden Welt" nichts Höheres gibt. Zudem ist der Adler ein Symbol der Macht, die sich als Schönheit vollendet. Darum gilt er bei allen Völkern und in allen Zeiten als Symbol des Kaisers als des höchsten Vertreters der Menschheit, der nur noch durch die lichtspendende Gottheit überragt wird. Der Adler als ein Ursymbol zeigt darum das Königtum des Menschen an, seine Berufung zur Herrschaft, seine Fähigkeit zur sinnvollen Ordnung des Vorhandenen und ihm hierzu Übergebenen.

Nicht alle Symbole lassen sich eindeutig in Worte fassen. Manche sind vieldeutig und doch zugleich auf einen Zentralsinn bezogen. Andere enthüllen ihren Sinn erst im Zusammenhang, erst im Zusammenstand mit ihren Geschwistern. Zudem gleicht jedes Symbol einer Hieroglyphe, das will sagen einer heiligen Silbe, die zu ihrer völligen Sinnenthüllung eines ganzen „Wortes“ oder „Satzes“ bedarf. Jedenfalls können Symbole nicht in der Weise von Formeln verstanden und gedeutet werden. Bei aller Verständlichkeit bergen Symbole irrationale Elemente. Darum können sie auch durch Assoziationen oder Ahnungen dechiffriert werden. Sie lösen auf jeden Fall Reaktionen im betrachtenden Menschen aus, sie verändern sein Bewußtsein, denn sie machen Unbewußtes bewußt. Vieles klingt an, ohne daß es als Formel faßbar wird.

Ähnlich mag es sich mit dem hier als letztes der Reihe vorgestellten Symbol einer „geheimnisvollen Dreiheit“ verhalten. Es ist wie die vorhergehenden den Ursymbolen einzureihen, denn es ist von keinem Vorbild abzuleiten. Drei kreisartige Gebilde, durchlöcherten Steinen gleichend, fügen sich zu einer unteilbaren Dreiheit, die ähnlich wie eine Figur von Henry Moore den Blick auf einen sich in die Weite verlierenden Hintergrund freigibt. Es schwebt über dem Wassergrund, dem Geburtsschoß alles Gestalteten. Doch sind die einzelnen Teile des Gebildes vielgestaltig und verschieden groß. In einer seiner „Höhlen“ ist andeutend eine Schlange zu sehen, nicht als Symbol des Bösen und Verführerischen, sondern als das vierte in den Dreien wirkende Ferment, das Entwicklung und Gestaltung vorantreibt: das dynamische Element des Werdens. Doch wie man dies „unbenannte“ Symbol auch deuten mag, es ist ein Beispiel dafür, daß der Prozeß der Symbolschöpfung noch keineswegs zu Ende gegangen ist.

ALFONS ROSENBERG

Die Welt im Feuer

Wandlungen meines Lebens

Band 1011, 160 Seiten

Wer den Autor Alfons Rosenberg, den Symbolkundigen, den Meditationslehrer, den Kenner christlicher Esoterik, den Deuter Mozarts nicht zuletzt den ökumenischen Christen kennt, der wird hier nochmals beschenkt. Dieses schmale Buch gewährt Einblick in ein überaus bewegtes Leben.
Diese Erinnerungen des Autors sind eine willkommene Einladung, von neuem zu seinen Büchern zu greifen.

Deutsches Pfarrerblatt

Verborgene Worte Jesu

Christusmeditationen aus der frühen Kirche

Band 857, 96 Seiten

Diese Bruchstücke der Jesusbotschaft sind uns teilweise überliefert in den apokryphen Evangelien, teilweise in den Schriften früher Kirchenväter, die noch an mündliche Überlieferungen anknüpften. Manches Wort ist in den letzten Jahren auch dem arabischen Wüstensand entrissen worden. Alfons Rosenberg hat die kostbaren Stücke gesichtet und eine kleine Auswahl dieser Jesusworte zusammengestellt und eingeleitet. Auch sie sind Widerspiegelungen des Geistes Jesu.

Pforzheimer Zeitung